北大版海外汉语教材

EASY EXPRESS CHINESE

EEC

中文快易通

1

刘美如　　吕丽娜　　田小玲　　编著
Meiru LIU　　Lina LU　　Xiaoling TIAN

北京大学出版社
PEKING UNIVERSITY PRESS

图书在版编目(CIP)数据

EEC 中文快易通.1 / 刘美如,吕丽娜,田小玲编著. —北京:北京大学出版社,2009.1
(北大版海外汉语教材)
ISBN 978-7-301-14781-8

Ⅰ.E⋯　Ⅱ.①刘⋯②吕⋯③田⋯　Ⅲ.汉语–对外汉语教学–教材　Ⅳ.H195.4

中国版本图书馆 CIP 数据核字(2008)第 195475 号

书　　　名:**EEC 中文快易通 1**

著作责任者:刘美如　吕丽娜　田小玲　编著

责 任 编 辑:刘　正　lozei@126.com

标 准 书 号:ISBN 978-7-301 -14781-8/H·2185

出 版 发 行:北京大学出版社

地　　　址:北京市海淀区成府路 205 号　　100871

网　　　址:http://www.pup.cn

电　　　话:邮购部 62752015　发行部 62750672　编辑部 62753334　出版部 62754962

电 子 邮 箱:zpup@pup.pku.edu.cn

印　刷　者:北京大学印刷厂

经　销　者:新华书店

　　　　　　889 毫米×1194 毫米　大 16 开本　10.5 印张　270 千字

　　　　　　2009 年 1 月第 1 版　2009 年 1 月第 1 次印刷

定　　　价:42.00 元(含 MP3 盘一张)

PREFACE

DESCRIPTION

In today's Chinese textbook market, there are numerous kinds of spoken and conversational Chinese textbooks, rather few, however, are designed specifically for the need of a large number of learners at community colleges and Confucius Institutes in the United States and other English speaking countries. *Easy Express Chinese* (EEC) is an easy, handy, fast and practical textbook designed for true beginners who take Chinese as a non-credit course in evening and weekend schools for adults. It can also be used for those who wish to acquire oral linguistic skills in daily Chinese communication, and those who need to learn Chinese for general business and travel purposes. No prior knowledge of Chinese is required for the learner.

KEY FEATURES

- Short sentence structure
- Easy to follow main frame sentences
- Quick grasping and learning texts
- Useful and highly selective vocabulary
- Lively content in the main frames
- Game-like and situational exercises
- Effective learning and fast-obtaining speaking skills
- No nonsense texts and exercises—all materials are useful and practical
- Functional, communicative and task based in and outside classroom activities
- Learn in classroom and use in real world situations right away
- *Pinyin*, Chinese characters and English translation are provided throughout the book for the convenience of the learner
- Throughout the book, the teacher plays a role as a facilitator, participator, guide and organizer

CONTENT OF THE TEXTBOOK

The purpose of the textbook is making Chinese learning easy, fast, effective and interesting. As such, the content is very different from Chinese textbooks designed for college students. *Easy Express Chinese* consists of 6 Units and 30 Lessons (see Contents in the attachment). Each lesson starts with Teaching Points that make it clear for the learner at a glance what they are

expected to grasp in the lesson. It is then followed with Functional and Communicative Frames which serve as the main frames of the lesson. Communicative Transformation and Build-ups break down into substitutions with additional useful phrases that help the learner apply the main frame sentences into the real world situations. These breakdown expressions are short, simple, easy to grasp and use with a strong practicality. In order to test how fast and how well the learner has grasped and mastered the main frames, the authors have designed Instant and Effective Practice, which consists of Short, Easy and Fast Dialogues; game-like brain exercise: read and match, then followed with communicative exchanges, blank filling, word-phrase-sentence-discourse-text formation exercises, oral interpretation exercises and communicative tasks. The authors endeavor to combine those functional exercises and task topics with a focus on improving the learner's communication skills in real world situations. Emphasis placed on these aspects and the content is such that the students are exposed to a broad range of topics that are functional, survival, useful, realistic and practical. The textbook's vocabulary, sentence structures, communicative exchanges and communicative activities as well as level of difficulty are all designed as suitable as possible for beginners.

STRUCTURE OF THE TEXTBOOK

Unlike traditional Chinese textbooks for beginners in which the first several lessons are devoted to the learning of the Chinese phonetic alphabet, *Easy Express Chinese* concentrates on all aspects of Chinese phonetic knowledge, practice and exercises in the first lesson with a brief introduction of the standard Chinese language as well as the learning of Chinese pronunciation through *pinyin* Romanization. It is designed mainly for the benefit of beginners. Students learning Chinese as a foreign language have more difficulties in the pronunciation of vowels and consonants, in tones and intonation. Instead of spreading phonological exercises throughout the rest of the lessons, the authors concentrate a large number of phonological exercises in the first lesson in an attempt to provide the students with an overall picture of the standard Chinese phonetic system and thus help them get over the phonetic obstacles in the shortest possible time. Of course, the students still need to consolidate their phonological knowledge and practice throughout the rest of the lessons with abundant exercises that are aimed at improving the specific phonetic problems of students from different countries. Through strict learning, teaching and training practice, students can solve these phonological problems and lay a solid foundation for mastering standard Chinese *Putonghua*.

MARKET AUDIENCE

This book is written for learners who take non-credit conversational Chinese at universities, community colleges, Confucius Institutes, evening and weekend Chinese language schools throughout the world. It is also a very useful, effective and handy book for people planning to study, to work, to do business or simply to travel in China.

前　言

教材介绍

　　目前市场上的中文口语教材五花八门,种类繁多。但是专门为在美国及其他以英语为母语国家的社区学院及孔子学院众多选修中文课的学习者设计的中文教材却寥寥无几。据不完全统计,在美国就有一千多所社区学院。很多学生的大一大二课程都是在社区学院完成的。在美国的孔子学院目前已有五十多所,而且大都开设中文口语课程。因此编写一套适用于一大批学习者使用的口语会话教材迫在眉睫。《EEC 中文快易通》是一本专门为在社区学院、孔子学院和周末业余中文学校选学中文的零起点学习者编写的简易、快捷、实用性和应用性都极强的中文口语教材,注重培养学习者的中文口头交际能力,对到中国经商、出差及旅游的人也都适用。

教材的主要特点

- 句法结构短小精练
- 主体句型简练容易,朗朗上口
- 课文简单便于快速学习掌握
- 生词精挑细选,使用率最高也最实用
- 主体句段内容活泼,具有短平快的显著特点
- 练习采用游戏式和情景式
- 有效的学习方法让学习者快速掌握表达技能
- 教材所有语料都有实用价值而且能即学即用
- 课文提供拼音、汉字及英文翻译以方便学习者使用
- 教材中处处体现以学生为本为主,教师为辅为助的教学原则

教材内容

　　《EEC 中文快易通》的编写以快速、简易、通俗、有效、趣味为目的,最大限度地体现了书名的本意。其内容与为本科大学生编写的中文教材截然不同。第一、二册分:入门篇、个人篇、旅行篇、生活篇、购物篇、服务篇六个模块,共分三十课;内容包括衣、食、住、行、购、游、待人、接物、介绍、服务等天天用语。每课均以教学提示开始,让学习者从一开始就对他们即将要学的内容一目了然。接下来就是每课的主要模块,即功能交际句型及交际转换扩展练习。为了测试学习者学中文学得多快,学得多好,以及学习进度的快慢,编者还设计了一套即时有效的练习模块:"立竿见影"模块的练习加入了短平快式交际会话;配对游戏;交际互动;想一想、填一填;组段成句;译一译等生动活泼及脑筋急转弯式练习以及在真实情景中的交际活动话题。这些情景练习片断都短小精练,编写得精益求精,易于在实际情景交际中使用。编者力求将功能型练习以及口语交际说话任务有效地结合起

来,以期达到提高学习者交际能力的目的。

教材编写框架

传统基础中文教材都将大量的发音声调语音语调练习贯穿于各课的教学与练习中。《EEC中文快易通》则突破了这一传统语言教材的编写模式,将所有关于标准中文的知识、中文发音的介绍及练习都放在第一课集中学习,强化掌握。这样使初学者对普通话的正确发音及语流声调从一开始就在对中文感性理论认识的基础上经过对发音声调语流的大量反复集中强化式的模仿训练上升到理性掌握灵活应用及准确的发音上,从而使他们对不正确不完美的发音从一开始就受到应有的重视,及时的纠正。大量有针对性的难点发音练习旨在帮助不同语言背景的学习者克服发音中的困难,让他们尽快在短时间内克服普通话发音和声调上的困难,为日后讲一口流利的普通话并能在各种场合自如运用所学语言进行交际打下坚实的语音基础。

适用对象

本教材是为美国、加拿大、英国、澳大利亚、新西兰及其他以英语为母语国家的四年制大学、两年制社区学院、孔子学院以及晚间和周末中文学校的学习者编写的,也适用于计划到中国游学、工作、经商、出差或旅游的学习者使用。

编者简介

Dr. Meiru Liu, Chinese Language & Culture Professor and Director of Confucius Institute at Portland State University, has over 20 years of generic and business language teaching experience in both Chinese and American univerisites. She has founded business Chinese program at PSU and devleoped the curriculum and course design for all levels of generic and business Chinese in the Master of International Management Program and the Confucius Institute. Dr. Liu is the author of several books including a business Chinese and culture textbook. She is a frequent presenter at regional, national and international conferences and published numerous journal articles in her research areas.

刘美如博士,现任波特兰州立大学中国语言文化教授及孔子学院院长,具有二十多年在中国和美国大学教授普通和商务语言的丰富经验,负责该校孔子学院中文课程和国际管理研究生院商务中文的课程设计、教材开发及教学管理工作。已出版的著作中包括商务汉语和文化教材,并多次在国内外学术会议及学术刊物上宣读和发表多篇论文。

Dr. Lina Lu, Research Assistant Professor & Chinese Instructor at Portland Community College, earned a Master's of Communication Studies in 1992, and an Ed.D. in Higher Education from Portland State University in 1997. She has been teaching Chinese language and culture since 1986 at various levels and different universities in the U.S. and Canada. She currently serves as a chair of the Association for Chinese Teachers in Oregon, and a board member of the Confederation in Oregon for Language Teaching. Her research interests focus on teaching Chinese as a second language, intercultural communication, and comparisons of the Chinese and the U.S. education systems.

吕丽娜博士,1992 年获美国波特兰州立大学文化交流研究硕士,1997 年获该校教育博士。自 1986 年起,在美国及加拿大多所大学讲授中文及中美文化比较课程。目前担任俄勒冈州中文教师学会主席,俄勒冈州外语教师协会理事会理事。主要研究领域包括汉语作为第二语言教学、文化交流、中美教育比较。

Dr. Xiaoling Tian is currently an Assistant Professor of Chinese at Pacific University. After 20 years of teaching in China, she earned her Master degree in Curriculum and Instruction in 2002 and currently a doctoral candidate of the Educational Leadership program in Portland State University. She has been teaching Chincse to students of different ages in varied schools and universities in the U. S. since 2000. Currently she is in charged of the Chinese program

and teaching different levels of Chinese classes, as well as Chinese cultural studies in Pacific University. Her research interest in language teaching is how to make the language learning interesting, communicative and task-oriented.

田小玲博士，太平洋大学中文助理教授。曾在中国执教二十年，2002 年获美国波特兰州立大学教育学院硕士学位，2008 年获教育管理艺术博士学位。自 2000 年起，一直在美国不同层次的学校及大学从事中文教学。目前在美国俄勒冈州太平洋大学主持中文及文化教学。研究兴趣在于如何使语言学习有趣、互动、以任务为中心。

CONTENTS
目录

EEC中文快易通 1

UNIT ONE   INTRODUCTION
第一单元　入门篇

a, o, e

1, 2, 3

Lesson 1　Chinese Phonetics
第一课　汉语语音

教学提示

Teaching Points

1. 汉语语音介绍
   Chinese phonetics
2. 汉语语音表
   Chinese combination of initials and finals
3. 汉语语音练习
   Chinese phonetic exercises

STANDARD CHINESE AND CHINESE PHONETICS/*HANYU PINYIN*

Chinese phonetics is called *Hanyu Pinyin* in Chinese. It was approved in 1958 and adopted in 1979 by the Chinese government and superseded older Romanization systems such as Wade-Giles, Chinese Postal Map Romanization as well as *Zhuyin*, the method of Chinese phonetic instruction in China. *Hanyu Pinyin* was adopted in 1979 by the International Organization for Standardization (IOS), and has also been accepted by the government of Singapore, the Library of Congress of the U.S., the American Library Association as well as many other international institutions. It has also become a useful tool for entering Chinese language text into computers.

The primary purpose of *Hanyu Pinyin* in Chinese schools is to teach Standard *Putonghua* (common language) Chinese (SPC). For those Chinese who speak *Putonghua* at home, *Hanyu Pinyin* is used to help children associate characters with spoken words which they already know; however, for the many Chinese who do not use *Putonghua* at home, *Hanyu Pinyin* is used to teach them the standard pronunciation of words when they learn them in elementary schools.

What is *Hanyu Pinyin* then? It is the official system representing Standard *Putonghua* Chinese with the Roman alphabet. One needs to practice these sounds to begin with until one sounds like the native speaker. *Hanyu Pinyin* is also a way to represent Chinese characters and express the sounds in the Chinese language using the alphabet. There are other systems to express Standard *Putonghua* Chinese, but *Hanyu Pinyin* is the most accepted and widely used.   Once you learn *Hanyu Pinyin* you will know how to pronounce any word in Standard *Putonghua* Chinese using a Chinese dictionary. *Hanyu Pinyin* is also the most common way to input Chinese characters into a computer.   Although *Hanyu Pinyin* and English both use the Roman alphabet, many letters are not expressed with the same sounds that English uses.

There are three parts in Chinese *Hanyu Pinyin*: the initial, the final, and the tone. The tone, initial, and final are described and represented as follows.

Initals, Finals and Tones

Hanyu Pinyin Finals (same as English vowels) are pronounced similarly to vowels in Romance languages, and most Initials (same as English Consonants) are similar to English pronunciation. A pitfall for English-speaking novices is, however, the unusual pronunciation of x, q, j, c, zh, ch, sh and z (and sometimes –i) and the unvoiced pronunciation of d, b, and g.

Words expressed in *Hanyu Pinyin* use a set of 23 sounds (including w and y which are known as semi-vowels) representing the beginning of the word called initials. The initial is placed at the front of the syllable and usually consists of one letter, except for: zh, ch, sh.

Finals are made up of the letter(s) after an initial of a syllable, not including the tone mark. A final begins with a vowel, can be made of 1–4 letters and end with a vowel, n, ng, or r. There is a set of 38 sounds representing the end of the word. For example, the word for "person" expressed in *Hanyu Pinyin* is: rén. In this word, the letter "r" is the initial and "en" is the final. Words are often combined to form compound words. The word for "China" expressed in *Hanyu Pinyin* is: Zhōngguó, zhōng here means middle, guó here means country. The initial here is "zh" and "g", and the final here is "ong" and "uo."

The tone is represented by a tone mark placed on top of the major vowel in the syllable (rules will be described later in this chapter). There are exactly four tone marks: ¯, ´, ˇ and ` . The two dots on ü (like a German umlaut) do not have to do with the tone, so if you see ǖ, ǘ, ǚ, or ǜ, the symbol above the dots represents the tone. Words in Standard *Putonghua* Chinese that have the same pronunciation can have different meanings depending on how the word is said with a specific tone, which describes how the pitch of the speaker's voice changes as the word is said and how the tone marks are represented with numbers. For example:

—The first tone is a flat and high level tone, and is spelt with the number 1 after the words when typing to show the tone mark in some Chinese software programs such as Wenlin and other Chinese *Pinyin* tone conversion programs:

ā ē ī ō ū ǖ

—The second tone is a rising or high-rising tone and is spelt with the number 2 after the words when typing to show the tone mark:

á é í ó ú ǘ

—The third tone is a falling-rising or low tone and is spelt with the number 3 after the words when typing to show the tone mark:

ǎ ě ǐ ǒ ǔ ǚ

—The fourth tone is a falling or high-falling tone and is spelt with the number 4 after the words when typing to show the tone mark:

à è ì ò ù ǜ

—The fifth or neutral tone is called neutral tone which is represented by a normal vowel without any tone mark:

a e i o u ü

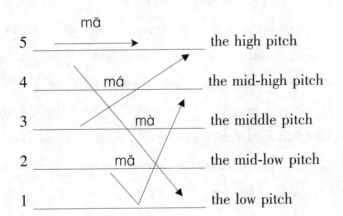

The level 1st tone is a high-pitched level tone. It is pitched at 5 and kept at the same level for a while. The rising 2nd tone starts from the middle pitch and rises to the high pitch. It is pitched at about 3 and raised quickly. The low 3rd tone starts from the mid-low pitch and falls to the low pitch. It drops nearly to the bottom and then rises to the mid-high pitch, somewhere near 4. The falling 4th tone is a complete falling tone which falls from the high-pitch 5 right to the low-pitch bottom 1.

Tone	Tone mark	Number added to end of syllable in place of tone mark	Example using tone mark	Example using number
First	macron (¯)	1	mā	ma1
Second	acute accent (´)	2	má	ma2
Third	caron (ˇ)	3	mǎ	ma3
Fourth	grave accent (`)	4	mà	ma4
Neutral or Fifth	No mark or dot before syllable (·)	no number 5 0	ma ·ma	ma ma5 ma0

Neutral Tones

Neutral tones are toneless in some Chinese syllables which are pronounced weakly and in a short fashion, just like unstressed syllables in English, e.g. "of" in one of my students. With a neutral tone, there is no tone mark over the vowel. Neutral tones are usually shown in the following words and phrases:

1) Grammar words such as le, de

2) The second syllable in some compound words, e.g. zhuōzi/桌子 (table), nǐmen/你们 (you)

3) A second syllable which is a repetition of the first one, e.g. māma/妈妈 (mother), bàba/爸爸 (father), gēge/哥哥 (elder brother), jiějie/姐姐 (elder sister)

4) The measure word ge when it is not emphasized, e.g. sān ge rén/三个人 (three people), wǔ ge Hànzì/五个汉字 (five Chinese characters).

In unstressed syllables the tone may be hardly noticeable. In such cases, no marking is put above any vowel. You may regard this as "tone zero". The tone will usually end up more or less where the previous syllable ended.

Tone Change

Tones may change depending on the adjacent tones and meaning groups in a connected speech:

1) When a 3rd tone is followed by another 3rd tone and they are in one meaning group, the first 3rd tone changes to the 2nd tone, e.g. Nǐ hǎo→Ní hǎo (How do you do/Hello/Hi).

2) When three 3ʳᵈ tones follow one another and they are in one meaning group, the second 3ʳᵈ tone changes to the 2ⁿᵈ tone, e.g. Wǒ hěn hǎo→Wǒ hén hǎo (I'm fine).

3) In some 3ʳᵈ -3ʳᵈ tone compound words, even after the second 3ʳᵈ tone syllable has become neutral, the preceding 3ʳᵈ tone still changes to the 2ⁿᵈ tone, e.g. xiǎojiě→xiáojie (Miss)

4) When a 3ʳᵈ tone follows the 1ˢᵗ, 2ⁿᵈ and 4ᵗʰ tones, it changes slightly to a mild falling tone (see the above tone change chart).

5) When the 4ᵗʰ tone negation word bù is followed by another 4ᵗʰ tone, bù then changes to the 2ⁿᵈ tone, e.g. Wǒ búhuì shuō Zhōngwén (I cannot speak Chinese).

6) When the number word yī (one) is used in isolation or follows other syllables, it remains the first tone, e.g. yī (one), shíyī (eleven). However, when it precedes the 1ˢᵗ, 2ⁿᵈ and 3ʳᵈ tones, yī changes to the 4ᵗʰ tone, e.g. yìxiē (some), yì diǎnr (a little), yì dī (a drop of); when it precedes the 4ᵗʰ tone, yī changes to the 2ⁿᵈ tone, e.g. yílù píng'ān (Bon Voyage), yíjiàn zhōngqíng (Fall in love at the first sight).

In real communication, tones are often not given their full value. A smooth conversation can be conducted with the help of pronunciation of syllables, stress, context, facial expressions and other forms of body language. If one listens carefully and imitates, one can be able to pick them up eventually. In this textbook, all the vocabulary, dialogues, texts and exercises in *pinyin* Romanization are marked with tones. The neutral tones do not carry tone marks. If there are tone changes, the marked tones will reflect the changes. In unstressed syllables the tone may be hardly noticeable. In such cases, no marking is put above any vowel. You may regard this as "tone zero", the neutral tone. The tone will usually end up more or less where the previous syllable ended.

Rules for Placing the Tone Mark

The rules for determining on which vowel the tone mark appears are as follows:

1. If there is more than one vowel and the first vowel is i, u, or ü, then the tone mark appears on the second vowel.

2. In all other cases, the tone mark appears on the first vowel. (y and w are not considered vowels for these rules.)

The reasoning behind these rules is in the case of diphthongs and diphthongs, i, u, and ü (and their orthographic equivalents y and w when there is no initial consonant) are considered medial glides rather than part of the syllable nucleus in Chinese phonology. The rules ensure

that the tone mark always appears on the nucleus of a syllable.

Another algorithm for determining the vowel on which the tone mark appears is as follows:

1. First, look for an "a" or an "e". If either vowel appears, it takes the tone mark. There are no possible *Hanyu Pinyin* syllables that contain both an "a" and an "e" together.

2. If there is no "a" or "e", look for an "ou". If "ou" appears, then the "o" takes the tone mark.

If none of the above cases hold, then the last vowel in the syllable takes the tone mark.

Rules of Pronouncing Initials and Finals in *Hanyu Pinyin* Given in Terms of English Pronunciation

All rules given here in terms of English pronunciation are approximate, as several of these sounds do not correspond directly to sounds in English.

b　As in English, but with no vibrations in the vocal cords, like *b* in *boat* but voiceless.

p　As in English, but with strong exhalation, like *p* in *poor*, but is invariably produced with a strong puff of air.

m　As in English, like *m* in *mokney*.

f　As in English, like *f* in *fine*.

d　As in English, but with no vibrations in the vocal cords, like *d* in *dog* but with no exhalation.

t　As in English, but with strong exhalation, like *t* in *term*.

n　As in English, like *n* in *nurse*.

l　As in English, like *l* in *like*.

z　As the combination of English letters *d and s* in *comrades* but with no exhalation.

c　As the combination of English letters *t and s* in *students* but with strong exhalation. like *ts* in *cats*.

s　As in English, like *s* in *star*.

zh　Similar to English *dj* sound in *jar*, *jasmine*, *judge*.

ch   Similar to English *tch* sound, like *ch* in *teach*, *church*, *channel*.

sh   Similar to English *sh* sound, like *sh* in *English*, *shy*, *shrine*.

r   Similar to English *r* sound, like *r* in *round*, *role*, *run*.

g   As in English but with no vibration in he vocal cords, like *g* in *girl*, *gone*, *good*.

k   As in English, but with strong exhalation, like *k* in *kind*, *ken*, *king*.

h   As in English, but audible and strong, like *h* in *hen*, *high*, *how*.

j   Sounds close to *dj* sound, like *j* in *judge*, *jump*, *jasmine*, but with minimum exhalation.

q   Like the ending sound in *teach*, *coach*, *coach*, but with strong exhalation.

x   Similar to English *ch* sound as in *teach*, *church*, but without the *t* sound at the beginning.

w   As in English, like *w* in *wood*, but it can be produced with slight friction.

y   As in the words *yes*, *yeast*, but it can be produced with slight friction.

Finals

a   Like *a* in *father*.

ai   Like the *ai* sound in *aisle*, *like*, *bike*, *strike*.

ao   Like *ow* in *power*, *how*, *down*.

an   Similar to Chinese a as described above plus *n*, and can be compared with the *an* in *Asian*, but Do Not pronounce the combination as the English *an* in *fan*, *man*, *ran*.

ang   Similar to Chinese a as described above, followed by an *ng* sound, like in *long*, but Do Not pronounce the combination as the English *ang* in *language*.

o   As the English vowels in *poor*, *all*, *hall*.

ou   As the English *ow* sound in *goal*, *boat*, *go*.

ong   Similar to English *o* sound in *woman*, *loop*, *too* plus *ng*.

e	Like *ir* in *girl, bird*. When *e* is preceded by another vowel to constitute a compound vowel, it will either occur in a neutral tone syllable which is equivalent to the unstressed *a* (the indefinite article) in English, e.g. in ie, or is equivalent to *e* in *yes*, e.g., in ue, üe.
ei	As the *ay* sound in *way, sway*.
en	As the *en* in *lend, men*.
eng	As the *on* in *won't*, is the combination of e and ng.
er	More like the English word *are*. er is never preceded by initials.
i / yi	Similar to *ea* in *beat* (after initials b, p, d, t, l, m, n, y). When i is preceded by initials j, q, x, z, c, s, zh, ch, sh, r, it is pronounced the way the initials precede it are pronounce, and make sure these initials need be prolonged in pronunciation whey they are followed by *I*, which is homorganic voicing at initial. The vowel i never has combinations with g, k, h, and w in Chinese words. When the single vowel i is not preceded by other initials at the beginning of a syllable, the semi vowel y replaces i, e.g. ya instead of ia, yan instead of ian, yao instead of iao, yin instead of in, ye instead of ie, yong instead of iong.
ia / ya	As the *eah* sound in *yeah*—a combination of i and a. The spelling ya is used when there is no consonant at the beginning of a syllable.
iao / yao	It is a combination of i and ao, in which ao is pronounced louder and clearer than i. The spelling yao is used when there is no consonant at the beginning of a syllable.
ian / yan	Sounds like the Japanese currency word *Yen*, a combination of i and an, in which an is pronounced louder and clearer than i. The spelling yan is used when there is no consonant at the beginning of a syllable.
iang / yang	Sounds like *young*, a combination of i and ang, in which ang is pronounced louder and clearer than i. The spelling yang is used when there is no consonant at the beginning of a syllable.

ie / ye	Sounds like *ye* in *yes* but without friction, is a combination of i and e. The spelling ye is used when there is no consonant at the beginning of a syllable.
iu / you	Sounds like *you*, is the combination of i and u. The spelling you is used when there is no consonant at the beginning of a syllable.
in / yin	Sounds like *in* in *pink*, is a combination of i and n. The spelling yin is used when there is no consonant at the beginning of a syllable.
ing / ying	Sounds like *ing* in *sting*, is a combination of i and ng. The spelling ying is used when there is no consonant at the beginning of a syllable.
iong / yong	Is a combination of i and ong. The spelling yong is used when there is no consonant at the beginning of a syllable.
iou / you	Like *o* in the name of the famous cellist Yoyo Ma, is a combination of i and ou. Like the spelling you is used when there is no consonant at the beginning of a syllable.
u / wu	As *oo* in *wood*, but it does not occur after initials j, q, x, y. When u is not preceded by other initials at the beginning of a syllable, w replaces u, e.g. wan instead of uan, wo instead of uo, wang instead of uang, wai instead of uai. There are no such combinations as wi and wun in Chinese words, and the spelling wu is used when there is no consonant at the beginning of a syllable.
ua / wa	As an English w followed by a *Pinyin* a, is a combination of u and a, in which a is pronounced louder and clearer than u. The spelling wa is used when there is no consonant at the beginning of a syllable.
uo / wo	Sounds similar to *woah*, like *war*, is a combination of u and o, in which o is pronounced louder and clearer than u. The spelling wo is used when there is no consonant at the beginning of a syllable.
uai / wai	Sounds like English *w* plus *Pinyin* ai, like *why*, is a combination of u and ai, in which ai is pronounced louder and clearer than u. The spelling wai is used when there is no consonant at the beginning of a syllable.

uei / wei	It is a combination of u and ei, in which ei is pronounced louder and clearer than u. The spelling wei is used when there is no consonant at the beginning of a syllable.
ui	Like *qui* in *quit*, is a combination of u and i, in which i is pronounced louder and clearer than u. The spelling wei is used when there is no consonant at the beginning of a syllable.
uan / wan	Sounds like *one*, *juan*, is a combination of u and an, in which an is pronounced louder and clearer than u. The spelling wan is used when there is no consonant at the beginning of a syllable.
ueng / weng	It is a combination of u and eng, in which eng is pronounced louder and clearer than u. It only occurs in the *Pinyin* syllable weng. The spelling weng is used when there is no consonant at the beginning of a syllable.
un / uen / wen	Sounds like *ueen* in *queen*, is a combination of u and n with a very weak en in between, but the spelling uen is never used, it describes the sounds best.
uang / yang	Like *wan* in *want*, is a combination of u and ang. The spelling yang is used when there is no consonant at the beginning of a syllable.
ü / yu	Sounds like ü in German phonology. It is pronounced with the same tongue position as when pronouncing i, but the shape of lips are same as when pronouncing u. When ü follows initials j, q, x and semi-vowel y, it is written as u without the two dots over it, e.g. ju, juan, qu, quan, que, xu, xuan, xue, yu, yuan, yue, yun, but it is still pronounced as ü. The spelling yu is used when there is no consonant at the beginning of a syllable.
üe / ue / yue	It is a combination of ü and e (equivalent to *e* in *yes*), and the two dots in the letter ü remain when spelled with the initials n and l. The ü is written as u in the syllables jue, que, xue and yue. The spelling yue is used when there is no consonant at the beginning of a syllable.
üan / yuan	It is a combination of ü and an, in which an is pronounced louder and clearer than ü. The sound occurs only in the syllables juan, quan, xuan and

yuan, and is then spelled with a u. The spelling yuan is used when there is no consonant at the beginning of a syllable.

ün   Is a combination of ü and n, It is only spelled with j, q, x, y and is written as un and never written with two dots. The sound occurs only in the syllables juan, quan, xuan and yuan, and is then spelled with a u.

Exceptions in *Hanyu Pinyin*

Hanyu Pinyin differs from other Romanizations in several aspects, which are known as exceptions as it was indicated in the above rules of Chinese phonetics. These exceptional rules are summarized as follows:

◉ Syllables starting with u are written as w in place of u (e.g. ueng is written as weng). Standalone u is written as wu.

◉ Syllables starting with i are written as y in place of i (e.g. iou is written as you). Standalone i is written as yi.

◉ Syllables starting with ü are written as yu in place of ü (e.g. üe is written as yue).

◉ ü is written as u when there is no ambiguity (such as ju, qu, and xu), but written as ü when there are corresponding u syllables (such as lü and nü). In such situations where there are corresponding u syllables, it is often replaced with v on a computer, making it easier to type on a standard keyboard.

◉ When preceded by a consonant, iou, uei, and uen are simplified as iu, ui, and un (which do not represent the actual pronunciation).

◉ As in zhuyin, what are actually pronounced as *buo*, *puo*, *muo*, and *fuo* are given a separate representation: bo, po, mo, and fo.

◉ The apostrophe (') is used before a, o, and e to separate syllables in a word where ambiguity could arise, e.g., pi'ao (simplified Chinese: 皮袄; traditional Chinese: 皮襖) vs. piao (票), and Xi'an (西安) vs. xian (先).

◉ *Eh* alone is written as ê; elsewhere as e. Schwa is always written as e.

◉ zh, ch, and sh can be abbreviated as ẑ, ĉ, and ŝ (z, c, s with a circumflex). However, the shorthands are rarely used due to difficulty of entering them on computers.

◉ ng has the uncommon shorthand of ŋ.

Most of the above are used to avoid ambiguity when writing words of more than one syllable in *Hanyu Pinyin*. For example uenian is written as wenyan because it is not clear which syllables make up uenian, uen-ian, uen-i-an and u-en-i-an are all possible combinations whereas wenyan is unambiguous because *we*, *nya*, etc. do not exist in *Hanyu Pinyin*. A summary of all possible *Hanyu Pinyin* syllables (not including tones), can be reviewed below.

All Possible Combination of Initials and Finals in *Hanyu Pinyin*:

◉ a, ai, an, ang, ao

◉ ba, bai, ban, bang, bao, bei, ben, beng, bi, bian, biao, bie, bin, bing, bo, bu

◉ ca, cai, can, cang, cao, ce, cei, cen, ceng, cha, chai, chan, chang, chao, che, chen, cheng, chi, chong, chou, chu, chua, chuai, chuan, chuang, chui, chun, chuo, ci, cong, cou, cu, cuan, cui, cun, cuo

◉ da, dai, dan, dang, dao, de, dei, den, deng, di, dian, diao, die, ding, diu, dong, dou, du, duan, dui, dun, duo

◉ e, ê, ei, en, er

◉ fa, fan, fang, fei, fen, feng, fo, fou, fu

◉ ga, gai, gan, gang, gao, ge, gei, gen, geng, gong, gou, gu, gua, guai, guan, guang, gui, gun, guo

◉ ha, hai, han, hang, hao, he, hei, hen, heng, hm, hng, hong, hou, hu, hua, huai, huan, huang, hui, hun, huo

◉ ji, jia, jian, jiang, jiao, jie, jin, jing, jiong, jiu, ju, juan, jue, jun

◉ ka, kai, kan, kang, kao, ke, kei, ken, keng, kong, kou, ku, kua, kuai, kuan, kuang, kui, kun, kuo

◉ la, lai, lan, lang, lao, le, lei, leng, li, lia, lian, liang, liao, lie, lin, ling, liu, long, lou, lu, luo, luan, lun, lü, lüe

◉ ma, mai, man, mang, mao, mei, men, meng, mi, mian, miao, mie, min, ming, miu, mo, mou, mu

◉ na, nai, nan, nang, nao, ne, nei, nen, neng, ng, ni, nian, niao, nie, nin, ning, niu, nong, nou, nu, nuo, nuan, nü, nüe

◉ o, ou

◉ pa, pai, pan, pang, pao, pei, pen, peng, pi, pian, piao, pie, pin, ping, po, pou, pu

◉ qi, qia, qian, qiang, qiao, qie, qin, qing, qiong, qiu, qu, quan, que, qun

- ran, rang, rao, ren, reng, ri, rong, rou, ru, rua, ruan, rui, run, ruo
- sa, sai, san, sang, sao, se, sei, sen, seng, sha, shai, shan, shang, shao, she, shei, shen, sheng, shi, shou, shu, shua, shuai, shuan, shuang, shui, shun, shuo, si, song, sou, su, suan, sui, sun, suo
- ta, tai, tan, tang, tao, te, teng, ti, tian, tiao, tie, ting, tong, tou, tu, tuan, tui, tun, tuo
- wa, wai, wan, wang, wei, wen, weng, wo, wu
- xi, xia, xian, xiang, xiao, xie, xin, xing, xiong, xiu, xu, xuan, xue, xun
- ya, yan, yang, yao, ye, yi, yin, ying, yong, you, yu, yuan, yue, yun
- za, zai, zan, zang, zao, ze, zei, zen, zeng, zha, zhai, zhan, zhang, zhao, zhe, zhei, zhen, zheng, zhi, zhong, zhou, zhu, zhua, zhuai, zhuan, zhuang, zhui, zhun, zhuo, zi, zong, zou, zu, zuan, zui, zun, zuo

Capitalization & Word Formation

Although Chinese characters represent single syllables, Standard *Putonghua* Chinese is a polysyllabic language. Spacing in *Hanyu Pinyin* is based on whole words, not single syllables. However, there are often ambiguities in partitioning a word. Orthographic rules were put into effect in 1988 by the National Educational Commission of China (国家教育委员会) and the National Language Commission of China (国家语言文字工作委员会).

General Rules

Single meaning: Words with a single meaning, which are usually set up of two characters (sometimes one, seldom three), are written together and not capitalized: rén/人 (person); péngyou/朋友 (friend), qiǎokèlì/巧克力 (chocolate)

Combined meaning (2 characters): Same goes for words combined of two words to one meaning: hǎifēng/海风 (sea breeze); wèndá/问答 (Q&A), quánguó/全国 (nationwide)

Combined meaning (4 or more characters): Words with four or more characters having one meaning are split up with their original meaning if possible: wúfèng gāngguǎn/无缝钢管 (seamless steel-tube); huánjìng bǎohù guīhuà/环境保护规划 (environmental protection planning)

Duplicated Words

AA: Duplicated characters (AA) are written together: rénrén/人人(everybody), kànkan/看看(to have a look), niánnián/年年 (every year)

ABAB: two characters duplicated (ABAB) are written separated: yánjiū yánjiū/研究研究 (to study, to research), xuěbái xuěbái/雪白雪白(snow-white)

AABB: A hyphen is used with the schema AABB: láilái-wǎngwǎng/来来往往 (go back and forth), qiānqiān-wànwàn 千千万万(numerous)

Nouns (míngcí/名词):

— Nouns are written in one: zhuōzi/桌子 (table), mùtou/木头(wood)

— Even if accompanied by a prefix and suffix: fùbùzhǎng/副部长 (vice minister), chéngwùyuán/乘务员 (conductor), háizimen/孩子们 (children)

— Words of position are separated: mén wài/门外 (outdoor), hé li/河里 (in the river), huǒchē shàngmian/火车上面 (on the train), Huáng Hé yǐnán/黄河以南(south of the Yellow River)

— Exceptions are words traditionally connected: tiānshang/天上 (in the sky), dìxia/地下 (on the ground), kōngzhōng/空中 (in the air), hǎiwài/海外 (overseas)

— Surnames are separated from the given name: Lǐ Huá/李华, Zhāng Sān/张三. If the given name consists of two syllables, it should be written as one: Wáng Jiànguó/王建国.

— Titles following the name are separated and are not capitalized: Wáng bùzhǎng/王部长 (Minister Wang), Lǐ xiānsheng/李先生 (Mr. Li), Tián zhǔrèn/田主任 (Director Tian), Zhào tóngzhì/赵同志 (Comrade Zhao).

— The forms of addressing people with Lǎo/老, Xiǎo/小, Dà/大 and A are capitalized: Xiǎo Liú/小刘 ([young] Ms. Liu), Dà Lǐ /大李 ([great] Mr. Li), A Sān/阿三(Ah San), Lǎo Qián/老钱 ([senior] Mr. Qian), Lǎo Wú/老吴 ([senior] Ms. Wu)

— Exceptions are: Kǒngzǐ/孔子 (Master Confucius), Bāogōng/包公 (Judge Bao), Xīshī/西施 (a historical person), Mèngchángjūn/孟尝君 (a historical person)

— Geographical names of China: Běijīng Shì/北京市(City of Beijing), Héběi Shěng/河北省 (Province of Hebei), Yālù Jiāng/鸭绿江(Yalu River), Tài Shān/泰山 (Mt. Taishan), Dòngtíng Hú/洞庭湖 (Lake Dongting), Táiwān Hǎixiá/台湾海峡 (Taiwan strait)

— Non-Chinese names translated back from Chinese will be written by their original writing: Marx, Einstein, London, Tokyo

Verbs (dòngcí/动词)：Verbs and their suffixes (–zhe, –le and –guo) are written as one:

— kànzhe/看着 (to see), kànle/看了 (saw), kànguo/看过 (seen), jìnxíngzhe/进行着 (to implement). Le as it appears at the end of a sentence is separated though: Huǒchē dào le/火车到了(The train [has] arrived).

— Verbs and their objects are separated: kàn xìn/看信 (to read a letter), chī yú/吃鱼 (to eat fish), kāi wánxiào/开玩笑 (to be kidding).

— If verbs and their complements are each monosyllabic, they are written together, if not, separated: gǎohuài/搞坏 (to make broken), dǎsǐ/打死 (to hit to death), chībǎo/吃饱 (to eat full), zhěnglǐ hǎo/整理好 (to straighten out), gǎixiě wéi/改写为(to rewrite a screenplay)

Adjectives (xíngróngcí/形容词): A monosyllabic adjective and its reduplication are written as one:

— mēngmēngliàng/蒙蒙亮 (dim), liàngtāngtāng/亮堂堂 (shining bright)

— Complements of size or degree (as xiē/些, yìxiē/一些, dī diǎnr/低点儿, yìdiǎnr/一点儿) are written separated: dà xiē/大些 (a little bigger), kuài yìdiǎnr/快一点儿(a bit faster)

Pronouns (dàicí/代词)

— The plural suffix –men directly follows up: wǒmen/我们 (we), tāmen/他们 (they)

— The demonstrative pronoun zhè/这 (this), nà/那 (that) and the question pronoun nǎ/哪 (which) are separated: zhè rén/这人(this person), nà cì huìyì/那次会议(that meeting), nǎ zhāng bàozhǐ/哪张报纸 (which newspaper)

— Exceptions are: nàli/那里 (there), zhèbian/这边 (over here), zhège/这个 (this piece), zhème/这么 (so), zhèmeyàng/这么样 (that way)... and similar ones.

Numerals and measure words (shùcí hé liàngcí/数词和量词)

— Words like gè/měi/个/每 (every, each), mǒu/某 (any), wǒ/我 (mine, our), are separated from the measure words following them: gè guó/各国 (every nation), gè gè/各个 (everyone), měi nián/每年 (every year), mǒu gōngchǎng/某工厂 (a certain factory), wǒ xiào/我校 (our school).

Set Phrases (chéngyǔ/成语)

— Four-character Set Phrases that can be divided into two halves are linked by a hyphen. For example: céngchū-bùqióng/层出不穷 (happens/ed endlessly), guāngmíng-lěiluò/光明磊落 (be righteous)

— All other Four-character Set Phrases and well-known expressions (shúyǔ/熟语) that cannot be readily segmented are linked. For example: búyìlèhū/不亦乐乎(Isn't it a happy thing?), àimònéngzhù/爱莫能助 (Sorry that I can't help you).

Capital Letters

— The letter at the beginning of a sentence is capitalized. For example: Míngtiān nǐ qù ma?/明天你去吗? (Are you going tomorrow?)

— The first letter of a proper noun is capitalized. For example: Běijīng Dàxué/北京大学 (Peking University); Tài Shān/泰山 (Mount Tai); Huáng Hé/黄河 (Yellow River)

Sources:

Gao, J. K. (2005). *Hanyu Pinyin shorthand: a bilingual handbook = [Hanyu Pinyin su ji fa].* Dallas, TX: Jack Sun. ISBN 1599712512

Kimball, R. L. (1988). *Quick reference Chinese: a practical guide to Standard Putonghua (common) Chinese for beginners and travelers in English, Hanyu Pinyin romanization, and Chinese characters.* San Francisco, CA: China Books & Periodicals. ISBN 0835120368

Wu, C.-j. (1979). *The Hanyu Pinyin Chinese-English dictionary.* Hong Kong: "http://en.wikipedia.org/wiki/Hanyu Pinyin"

Yin, John Jinghua (1996). *http://www.uvm.edu/~chinese/pinyin.htm*

汉语拼音练习
HANYU PINYIN EXERCISES

Tone Change Exercises

–	´	ˇ	`
kāfēi 咖啡	shēngcí 生词	chūbǎn 出版	bāngzhù 帮助
fā jiā 发家	shēnghuó 生活	yīnguǒ 因果	kāi huì 开会
guāngyīn 光阴	huā qián 花钱	shēngchǎn 生产	jiāndìng 坚定
kāifā 开发	guāngmíng 光明	fāzhǎn 发展	zhīdào 知道
zhīchū 支出	kāi mén 开门	cānkǎo 参考	tiāndì 天地
Zhōngdōng 中东	fēixíng 飞行	biāozhǔn 标准	tīnglì 听力
chūfā 出发	fānchuán 帆船	fāngfǎ 方法	gānjìng 干净
kāi huā 开花	ānníng 安宁	dōngběi 东北	āndìng 安定
Fēizhōu 非洲	ānquán 安全	xīběi 西北	mùdì 目的
chūzū 出租	fēn hóng 分红	qiānbǐ 铅笔	kōngqì 空气
xīguā 西瓜	fēngkuáng 疯狂	gāngbǐ 钢笔	kōngnàn 空难
Ōuzhōu 欧洲	dānchún 单纯	huāfěn 花粉	qiānguà 牵挂
shāfā 沙发	wēiyán 威严	fāngǔn 翻滚	dānwèi 单位
jiāngshān 江山	yīnqín 殷勤	kāiyǎn 开演	jiāo'ào 骄傲
bōchū 播出	gōngrén 工人	fēiniǎo 飞鸟	ānlè 安乐
māomī 猫咪	huāyuán 花园	fēngshuǐ 风水	fānyì 翻译
gūmā 姑妈	gōngyuán 公园	bānmǎ 斑马	ānjìng 安静
Tiānjīn 天津	gāojí 高级	gāoděng 高等	kāi mù 开幕
Xiāng Shān 香山	zhīchí 支持	gēqǔ 歌曲	xiānjìn 先进
chūntiān 春天	chuānglián 窗帘	qiānchě 牵扯	jiāohuàn 交换
fā yīn 发音	gāngcái 刚才	zhuōyǐ 桌椅	jiāojì 交际
xiāngcūn 乡村	fāyáng 发扬	cānzhǎn 参展	cānjiàn 参见
bān jiā 搬家	jiānchí 坚持	kāishǐ 开始	fāxiàn 发现
dāngxīn 当心	gāngqín 钢琴	jiā miǎn 加冕	bēifèn 悲愤
jīngshāng 经商	dōngnán 东南	cānguǎn 餐馆	fāfèn 发奋
dōngtiān 冬天	jiāngnán 江南	ānfǔ 安抚	gūlì 孤立

（续表1）

－	′	ˇ	`
qiūtiān 秋天	chūqín 出勤	jiāowǎng 交往	yīnyuè 音乐
wēifēng 威风	tōngcháng 通常	huācǎo 花草	gōnggòng 公共
guānxīn 关心	Zhōngguó 中国	huāniǎo 花鸟	guānniàn 观念
gūdān 孤单	Yīngguó 英国	Qīngdǎo 青岛	chī fàn 吃饭
fēngshōu 丰收	huānyíng 欢迎	jīnglǐ 经理	chūxiàn 出现
Xī'ān 西安	bānlán 斑斓	fēngmǎn 丰满	chū hàn 出汗
zāogāo 糟糕	fēifán 非凡	jiāzhǎng 家长	chūlì 出力
gōngguān 公关	gāomíng 高明	shīzhǎn 施展	kāifàng 开放
huānhū 欢呼	cōngmíng 聪明	gōngchǎng 工厂	chēliàng 车辆
xīngqī 星期	huīhuáng 辉煌	fānbǎn 翻版	jiāngù 坚固
sījīn 丝巾	kāimíng 开明	suānnǎi 酸奶	guānggù 光顾
tīngshuō 听说	zhāngyáng 张扬	kuī běn 亏本	tiāotì 挑剔
Jiāngsū 江苏	hūrán 忽然	chūnjuǎn 春卷	hōngdòng 轰动
dān xīn 担心	jiānchí 坚持	fābiǎo 发表	fā xìn 发信
guāfēn 瓜分	guānhuái 关怀	shūzhǎn 书展	fā hàn 发汗
guā fēng 刮风	ānpái 安排	biāomǎ 彪马	fādòng 发动
chū jiā 出家	zhī nóng 支农	zhīliǎo 知了	Zhōnggòng 中共
jiāxiāng 家乡	fūrén 夫人	gāokǎo 高考	jiāolǜ 焦虑
cānjiā 参加	fēngyún 风云	jiān kǎo 监考	xīwàng 希望
wēifēng 微风	jiārén 家人	zhūbǎo 珠宝	jiāndìng 坚定
dēng shān 登山	bāoróng 包容	fā gǎo 发稿	shāngyè 商业
zhīzhū 蜘蛛	kuānróng 宽容	shuāngguǐ 双轨	guānggù 光顾
zhīqīng 知青	gāngqiáng 刚强	qiān shǒu 牵手	kūzào 枯燥
tiānxiān 天仙	fāmíng 发明	shāokǎo 烧烤	kuānshù 宽恕
xiānzhī 先知	gōnghán 公函	jiānguǎn 监管	gāoxìng 高兴

－	′	ˇ	`
píng'ān 平安	Chángchéng 长城	túbiǎo 图表	huígù 回顾
chuángdān 床单	jíhé 集合	tuántǐ 团体	bó'ài 博爱
fángjiān 房间	míngnián 明年	jítǐ 集体	huáiniàn 怀念
guójiā 国家	liánhé 联合	wéifǎn 违反	qínfèn 勤奋

(续表2)

一	丶	ˇ	丶
hóngguān 宏观	rénmín 人民	huíshǒu 回首	rénzào 人造
huíjiā 回家	huílái 回来	yángliǔ 杨柳	rényì 仁义
Liáng Shān 梁山	huí guó 回国	jiéguǒ 结果	héqì 和气
Hángzhōu 杭州	cóngqián 从前	bódǎo 博导	hóngyè 红叶
niánchū 年初	qiánnián 前年	píjiǔ 啤酒	xiéniàn 邪念
míngtiān 明天	huí tóu 回头	tízǎo 提早	huífù 回复
qiántiān 前天	línxíng 临行	shípǐn 食品	yuánliàng 原谅
jié hūn 结婚	línshí 临时	hóngjiǔ 红酒	jiéshù 结束
yuányīn 原因	hépíng 和平	báijiǔ 白酒	duó guàn 夺冠
línjū 邻居	hóngyáng 弘扬	chuánzhǎng 船长	Fójiào 佛教
hánxīn 寒心	hóngtú 宏图	kuíwǔ 魁梧	xiéjiào 邪教
réngōng 人工	hóngqí 红旗	bólǎn 博览	Huíjiào 回教
jízhōng 集中	línlí 淋漓	wénxuǎn 文选	bólì 薄利
quántiān 全天	réncí 仁慈	wúlǐ 无礼	wénhuà 文化
Huáng Shān 黄山	tuánjié 团结	jiéjiǎn 节俭	hézuò 合作
kuángfēng 狂风	tuányuán 团员	qínjiǎn 勤俭	dúlì 独立
fúzhuāng 服装	Huízú 回族	huánbǎo 环保	huánjìng 环境
fánxīn 烦心	mínzú 民族	liánxiǎng 联想	cáiqì 才气
Cháng Jiāng 长江	jíxiáng 吉祥	fánnǎo 烦恼	tóngzhì 同志
liángshī 良师	línláng 琳琅	rénnǎo 人脑	xiángxì 详细
máoyī 毛衣	tíqián 提前	cíyǔ 词语	mínglì 名利
wéijīn 围巾	qiántú 前途	císhǒu 词首	tuánduì 团队
jítā 吉他	cáinéng 才能	wénfǎ 文法	wénjiào 文教
liángxīn 良心	cáixué 才学	díwǒ 敌我	zhíyì 执意
nígū 尼姑	lúnchuán 轮船	jíjǐn 集锦	huángù 环顾
húnshēn 浑身	jíshí 及时	xíngmǎn 刑满	zérèn 责任
wénzhāng 文章	Jílín 吉林	xínglǐ 行礼	wéifàn 违犯
hóngdū 红都	Liáoníng 辽宁	huífǎn 回返	héngdù 横渡
wúzhī 无知	máshéng 麻绳	liú yǐng 留影	wéihù 维护
niánqīng 年轻	héliú 河流	huífǎng 回访	mínzhòng 民众
Míng Qīng 明清	Huáng Hé 黄河	niánzhǎng 年长	hénjì 痕迹

(续表3)

—	′	ˇ	`
zhíguān 直观	wénmáng 文盲	yóulǎn 游览	míngshèng 名胜
zhíshuō 直说	zhínéng 职能	cúnkuǎn 存款	míngzì 名字
zhítōng 直通	zhíxíng 执行	fú ruǎn 服软	chídào 迟到
cóng jūn 从军	shíxíng 实行	fángzhǎn 房展	túdì 徒弟
shénzhōu 神州	mángrán 茫然	liúlǎn 浏览	juéyì 决议
fádān 罚单	fúcóng 服从	rándiǎn 燃点	yúlì 渔利
rénjiān 人间	cónglái 从来	réntǐ 人体	díduì 敌对
shíjiān 时间	chónglái 重来	guóyǔ 国语	guólì 国力
Cháng'ān 长安	tónglíng 同龄	fúxiǎo 拂晓	hútòng 胡同

—	′	ˇ	`
guǎngbō 广播	jiějué 解决	zhǐdǎo 指导	tǔdì 土地
xǐ chē 洗车	jiǎnmíng 简明	hǎidǎo 海岛	hǎokàn 好看
hǎochī 好吃	lěngmén 冷门	hǎiniǎo 海鸟	hǎoyòng 好用
hǎohē 好喝	qǐ chuáng 起床	xǐ wǎn 洗碗	nǔlì 努力
hǎotīng 好听	qǐlái 起来	huǒhǎi 火海	zhǔnbèi 准备
diǎnxīn 点心	lǚxíng 履行	kǔhǎi 苦海	jiǎnyào 简要
shǒudū 首都	lǚyóu 旅游	Hǎikǒu 海口	kěshì 可是
dǐngduān 顶端	zhǔjué 主角	xiǎojiě 小姐	kěwàng 渴望
gǔchuī 鼓吹	kělián 可怜	nǐ hǎo 你好	mǎnyì 满意
qǐfā 启发	jiǎnmíng 简明	hěn hǎo 很好	zhuǎnbiàn 转变
gǔdū 古都	zhěngjié 整洁	wǎngfǎn 往返	zhǔfàn 主犯
hǎitān 海滩	zhěnghé 整合	shuǐjiǎo 水饺	huǎnghuà 谎话
hǎibiān 海边	shěnchá 审查	xǐ zǎo 洗澡	jǔbàn 举办
zhǔxiū 主修	zhǔnshí 准时	shǒunǎo 首脑	zhǔbàn 主办
huǒchē 火车	chǔcáng 储藏	fǎnhuǐ 反悔	jǐnxiù 锦绣
shuǐzhū 水珠	zhuǎnyí 转移	wěntuǒ 稳妥	zhǔyì 主义
jiǔjīng 酒精	mǎnzú 满足	jiǔyǎng 久仰	zhǔ cài 煮菜
guǎi wān 拐弯	mǐnjié 敏捷	nǎlǐ 哪里	hǎibào 海报
Běijīng 北京	zhǔliú 主流	guǎnlǐ 管理	xiǎngniàn 想念
Guǎngdōng 广东	yǐncáng 隐藏	jǐnguǎn 尽管	tǒngzhì 统治

(续表 4)

–	´	ˇ	`
Guǎngxī 广西	jiǎnchá 检查	jiǎngjiě 讲解	gǔpiào 股票
Guǎngzhōu 广州	gǎigé 改革	jiǎngyǎn 讲演	mǎimài 买卖
Shǎnxī 陕西	yǔliú 语流	yǎnjiǎng 演讲	huǐhèn 悔恨
gǔnkāi 滚开	diǎnxíng 典型	gǎnxiǎng 感想	zhǔyào 主要
shuǐxiān 水仙	Hǎinán 海南	xiǎngfǎ 想法	jiǎnbào 简报
huǒshān 火山	Jǐnán 济南	zhǔguǎn 主管	kǒuhào 口号
shǒujī 手机	jǐngchá 警察	mǎnǎo 玛瑙	shuǐkù 水库
měiguān 美观	jǐngdí 警笛	dǎo guǐ 捣鬼	gǎngwèi 岗位
jǐ tiān 几天	jǐnglíng 警铃	cǎogǎo 草稿	kǒushào 口哨
wěisuō 萎缩	guǐmén 鬼门	dǐhuǐ 诋毁	kǔnàn 苦难
zhǐchū 指出	gǔchéng 古城	tǔfěi 土匪	gǎizhèng 改正
fǔchōng 俯冲	jǐhé 几何	shěn gǎo 审稿	guǎngdà 广大
jǐngguān 景观	shěnchá 审查	tǔgǎi 土改	zhǐshì 指示
yǎnchū 演出	qǔzhí 曲直	shuǐzhǔn 水准	sǔnhài 损害
zhǐhuī 指挥	zhǔliú 主流	wǔdǎo 舞蹈	jiǎnyào 简要
jiǎndān 简单	wěirén 伟人	zhǔnkǎo 准考	guǎnggào 广告
huǎnchōng 缓冲	měirén 美人	hǎicǎo 海草	xiǎngshòu 享受
zhǔguān 主观	yǒuqíng 友情	miǎobiǎo 秒表	jiěfàng 解放
jiǎngjīn 奖金	měngnán 猛男	liǎojiě 了解	jiǎozhèng 矫正
yǒuguān 有关	hǎixiá 海峡	shuǐcǎo 水草	tǎolùn 讨论
shǒuxiān 首先	jiǎnmíng 简明	jiǎntǎo 检讨	fěibàng 诽谤
xuǎnxiū 选修	shěng qián 省钱	lǐngdǎo 领导	shǒufù 首富
huǐ yuē 毁约	měiróng 美容	lǎobǎn 老板	gǔntàng 滚烫
fěnshuā 粉刷	huǎngyán 谎言	shuǐtǔ 水土	zhǔzhì 主治
měichāo 美钞	gěngzhí 耿直	pǎo mǎ 跑马	xiǎnyào 险要

`	`	`	`
bàofā 爆发	miànlín 面临	jìng lǐ 敬礼	xìngqù 兴趣
bìxū 必须	xiànshí 现时	chùzhǎng 处长	zuìhòu 最后

(续表5)

一	ˊ	ˇ	ˋ
jìnxiū 进修	jìnxíng 进行	cùshǐ 促使	zhìzào 制造
diàndēng 电灯	jiùyuán 救援	bìlěi 壁垒	jiànlì 建立
jìngōng 进攻	rèqíng 热情	kèkǔ 刻苦	gùyòng 雇用
jiùcān 就餐	rìcháng 日常	kùnrǎo 困扰	yìwù 义务
jìn cān 进餐	Tàiháng 太行	gùtǔ 故土	jiànshè 建设
dàigōu 代沟	tèbié 特别	diànnǎo 电脑	kuàixìn 快信
tuìxiū 退休	fùzé 负责	jìngxuǎn 竞选	yùndòng 运动
zhìjīn 至今	fàngxíng 放行	jìngzǒu 竞走	kuàilè 快乐
chàngxiāo 畅销	zhìnáng 智囊	jìngzhǐ 静止	diànhuà 电话
bàokān 报刊	hùháng 护航	xìnshǐ 信使	dàitì 代替
bào guān 报关	kùnfá 困乏	jìliǎng 伎俩	gòngshì 共事
Gùgōng 故宫	zàiháng 在行	cùntǔ 寸土	xìnrèn 信任
jìn shān 进山	jiànxíng 饯行	jiànjiě 见解	hùwèi 护卫
cùxiāo 促销	gùrén 故人	shùn shuǐ 顺水	lìnsè 吝啬
zhùjūn 驻军	hàichóng 害虫	zhùlǐ 助理	zhùyì 注意
qìchē 汽车	shìtú 试图	tàntǎo 探讨	jiànwàng 健忘
lì gōng 立功	zuìxíng 罪行	lìshǐ 历史	jiùfàn 就范
sònggē 颂歌	wèntí 问题	jìnqǔ 进取	jìlù 记录
zàngē 赞歌	shùncóng 顺从	huìguǎn 会馆	kùnhuò 困惑
màochōng 冒充	Tài Hú 太湖	hù duǎn 护短	kuìtuì 溃退
mìfāng 秘方	kùcún 库存	xiàoyǒu 校友	jiàoyù 教育
dìfāng 地方	jiànguó 建国	xiàoliǎn 笑脸	kèyùn 客运
miànbāo 面包	jiàotiáo 教条	hòuguǒ 后果	kèhù 客户
guànjūn 冠军	gòngshí 共识	xiàoguǒ 效果	jìngpèi 敬佩
yàjūn 亚军	gòngtóng 共同	hòuhuǐ 后悔	jièshào 介绍
jìjūn 季军	chìzé 斥责	guòmǐn 过敏	wàipài 外派
hù fū 护肤	zhùhuá 驻华	jiàodǎo 教导	wàimài 外卖
mùbiāo 目标	shìcóng 侍从	xiànchǎng 现场	jiàngluò 降落
lùbiāo 路标	zhùfáng 住房	jiào hǎo 叫好	kèyùn 客运
jièxīn 戒心	gònghé 共和	xìruǎn 细软	jiàn miàn 见面
shàng shān 上山	zhènyíng 阵营	jìn chǎng 进场	jièrù 介入

（续表6）

ˉ	′	ˇ	`
bàituō 拜托	wùshí 务实	rùkǒu 入口	jiànlì 建立
Wàitān 外滩	zhìnéng 智能	jìnkǒu 进口	jiànyù 驾驭
Zhèngzhōu 郑州	shùxué 数学	xìqǔ 戏曲	jiàn xiào 见效
Guìzhōu 贵州	jìn zhí 尽职	gùshǒu 固守	jìlù 纪录
gùxiāng 故乡	zhùfú 祝福	yàohǎo 要好	jiàndìng 鉴定
jìn jūn 进军	hànyán 汗颜	shìyǒu 室友	huìjiàn 会见
jiànjūn 建军	Jiànháng 建行	èrnǎi 二奶	huì miàn 会面
guàng jiē 逛街	kùnjú 困局	huì yǒu 会友	guàipì 怪癖
xìnxīn 信心	Shìháng 世行	mào yǔ 冒雨	xiàndài 现代
gùjū 故居	gòngmíng 共鸣	huìguǎn 会馆	bàobì 曝毙
bèizēng 倍增	shùlín 树林	zuìhǎo 最好	lìbì 利弊
jìngxiāng 竞相	fùháo 富豪	zhìbǎo 至宝	shìqì 士气
jìngzhēng 竞争	zhòngzhí 种植	fèishuǐ 废水	shùmù 树木

Practice of Initials, Finals and Different Tones

bā	eight	bá	to pull up	bà	father
hē	to drink	hé	river	hè	to congratulate
shī	poem	shí	ten	shì	to be
guō	pot	guó	country	guǒ	to wrap
tā	he, she, it	tǎ	pagoda	tà	to step on (sth)
wō	nest	wǒ	I, me	wò	to crouch
tuī	to push	tuǐ	leg	tuì	to withdraw
guān	to shut, close	guǎn	to manage	guàn	to spoil
bān	to carry	bǎn	board, panel	bàn	half
kān	to watch	kǎn	to chop	kàn	to look at
huī	grey	huí	to return	huì	meeting
yē	coconut	yě	also	yè	night
ní	mud	nǐ	you	nì	to be tired of

bái	white	bǎi	hundred	bài	to be defeated
miáo	to trace out	miǎo	second	miào	temple
yáng	sheep	yǎng	oxygen	yàng	pattern
léi	thunder	lěi	base, rampart	lèi	tired
wén	to smell	wěn	to kiss	wèn	to ask
niān	fade, wither	nián	year	niàn	to read
liáng	cool	liǎng	two	liàng	bright

dá	to arrive	dǎ	to beat	dà	big, large
ná	to take	nǎ	which	nà	that
mái	to bury	mǎi	to buy	mài	to sell
kūn	a big bird	kǔn	to tie, to bind	kùn	sleepy

Practice of Tonal Contrast

1. Fēide hǎo. (The flying one is better.)

   Féide hǎo. (The fat one is better.)

2. Bié jiāo tā. (Don't teach him/her.)

   Bié jiào tā. (Don't call him/her.)

3. Nǐ bié lái. (Don't come.)

   Nǐ bié lài. (Don't try to finable yourself out of it.)

4. Wǒ xiǎng tā. (I miss him/her.)

   Wǒ xiàng tā. (I'm like him/her.)

5. Wǒ mǎide. (I bought it.)

   Wǒ màide. (I sold it.)

6. Shēngle wǔge. (She gave birth to five.)

   Shèngle wǔge. (Five are left over.)

7. Yóuyǒng zuìhǎo. (Swimming is best.)

   Yǒuyòng zuìhǎo. (Being useful is best.)

8. Māma jiào nǐ. (Mom is calling you.)

   Māma jiāo nǐ. (Mom teaches you.)

9. Qízi tài gāo. (The flag is too high.)

   Qīzi tài gāo. (My wife is too tall.)

10. Wǒ wènde tóuténg. (I ask so much that I get a headache.)

    Wǒ wénde tóuténg. (I smell it so much that I get a headache.)

    Wǒ wěnde tóuténg. (I get so much kissing that I get a headache.)

11. Māma qí mǎ. (Mother rides on a horse.)

    Māma qì mǎ. (Mother angers the horse.)

12. Niūniu qí niú. (Niuniu rides on a cow.)

    Niūniu qī niū. (Niuniu bullys the cow.)

13. Shù bù dǎo. (The tree does not fall.)

    Shū bù dǎo. (One does not fall after losing a game.)

14. Qián bù duō. (Not much money.)

    Qiān bù duō. (Not much lead.)

15. Duō wúliáo. (How boring.)

    Dōu wúliáo. (All/Everyone is boring.)

16. Wú jiān bù cuī. (Overrun all fortifications.)

    Wú jiǎn bú cuì. (It is not crispy if no soda is added.)

17. Jīn shēng jīn shì. (For the whole life time.)

    Jìnshēng jìnshì. (To be promoted as a successful candidate in the highest imperial examinations.)

18. Lǎoshī jiāo xuésheng. (The teacher teaches students.)

    Lǎo Shí jiào Xuěshēng. (Old Shi's name is Xuesheng / born on a snowing day.)

19. Shènglì guǒshí. (Fruits of victory.)

    Shènglì guò shí. (The name "victory" is outdated.)

绕口令/Tongue Twisters

(1)

yī èr sān sì wǔ liù qī
一 二 三 四 五 六 七

One two three four five six seven

qī liù wǔ sì sān èr yī
七 六 五 四 三 二 一

Seven six five four three two one

qī ge ā yí lái zhāi guǒ
七 个 阿 姨 来 摘 果

Seven aunts come to pick up fruits

qī ge huā lán shǒu zhōng tí
七 个 花 篮 手 中 提

They are holding seven baskets in their hands

qī ge guǒ zi bǎi qī yàng
七 个 果 子 摆 七 样

Seven different fruits are arranged in seven different ways

píng guo táo zi shí liu
苹 果 桃 子 石 榴

Apple, peach, pomegranate

shì zi lǐ zi lì zi lí
柿 子 李 子 栗 子 梨

Persimmon, plum, chestnut, pear

(2)

mā ma qí mǎ   mǎ màn   mā ma mà mǎ
妈 妈 骑 马　马 慢　妈 妈 骂 马

Mother is riding on a horse
The horse runs slow
Mother curses the horse

(3)

niū niu qí niú   niú niù   niū niu níng niú
妞 妞 骑 牛　牛 拗　妞 妞 拧 牛

Niuniu is riding on a cow
The cow is stubborn
Niuniu squeezes the cow

(4)

rèn mìng shì rèn mìng 任 命 是 任 命	Appointing for position is appointing for position
rén míng shì rén míng 人 名 是 人 名	A name of a person is a name of a person
rèn mìng bú shì rén míng 任 命 不 是 人 名	Appointment is not a name of a person
rén míng bú shì rèn mìng 人 名 不 是 任 命	A person's name is not an appointment
rèn mìng rén míng bù néng cuò 任 命 人 名 不 能 错	You should not mess up appointing for position with a name of a person
cuò le rén míng cuò rèn mìng 错 了 人 名 错 任 命	Because messing up the names will mess up the position appointing

(5)

hēi dòu fàng zài hēi dǒu li 黑 豆 放 在 黑 斗 里	Black soybeans are in a black dipper
hēi dǒu lǐ bian fàng hēi dòu 黑 斗 里 边 放 黑 豆	The black dipper contains black soybeans
hēi dòu fàng hēi dǒu 黑 豆 放 黑 斗	Black soybeans in black dipper
hēi dǒu fàng hēi dòu 黑 斗 放 黑 豆	Black dipper holds black soybeans
bù zhī hēi dòu fàng hēi dǒu 不 知 黑 豆 放 黑 斗	It's hard to say if the black soybeans contain the dipper
hái shì hēi dǒu fàng hēi dòu 还 是 黑 斗 放 黑 豆	Or the dipper contains the black soybeans

(6)

lǎo táng duān dàn tāng 老 唐 端 蛋 汤	Old Tang carries (a bowl) of egg soup
tà dèng dēng bǎo tǎ 踏 凳 登 宝 塔	He steps on a stool to climb onto a pagoda

zhǐ yīn dèng tài huá
只 因 凳 太 滑

But the stool is too slippery

tāng sǎ tāng tàng tǎ
汤 洒 汤 烫 塔

The soup drops and it makes the pagoda burning hot

(7)

yì duǒ fěn hóng dà hé huā
一 朵 粉 红 大 荷 花

On one lotus flower

pā zhe yì zhī huó há ma
趴 着 一 只 活 蛤 蟆

There lies prone a live frog

liǎng duǒ fěn hóng dà hé huā
两 朵 粉 红 大 荷 花

On two lotus flowers

pā zhe liǎng zhī huó há ma
趴 着 两 只 活 蛤 蟆

There lies prone two live frogs

sān duǒ fěn hóng dà hé huā
三 朵 粉 红 大 荷 花

On three lotus flowers

pā zhe sān zhī huó há ma
趴 着 三 只 活 蛤 蟆

There lies prone three live frogs

sì duǒ fěn hóng dà hé huā
四 朵 粉 红 大 荷 花

On four lotus flowers

pā zhe sì zhī huó há ma
趴 着 四 只 活 蛤 蟆

There lies prone four live frogs

wǔ duǒ fěn hóng dà hé huā
五 朵 粉 红 大 荷 花

On five lotus flowers

pā zhe wǔ zhī huó há ma
趴 着 五 只 活 蛤 蟆

There lies prone five live frogs

liù duǒ fěn hóng dà hé huā
六 朵 粉 红 大 荷 花

On six lotus flowers

pā zhe liù zhī huó há ma
趴 着 六 只 活 蛤 蟆

There lies prone six live frogs

qī duǒ fěn hóng dà hé huā
七 朵 粉 红 大 荷 花

On seven lotus flowers

pā zhe qī zhī huó há ma
趴 着 七 只 活 蛤 蟆

There lies prone seven live frogs

bā duǒ fěn hóng dà hé huā
八 朵 粉 红 大 荷 花

On eight lotus flowers

pā zhe bā zhī huó há ma
趴 着 八 只 活 蛤 蟆

There lies prone eight live frogs

jiǔ duǒ fěn hóng dà hé huā
九 朵 粉 红 大 荷 花

On nine lotus flowers

pā zhe jiǔ zhī huó há ma
趴 着 九 只 活 蛤 蟆

There lies prone nine live frogs

shí duǒ fěn hóng dà hé huā
十 朵 粉 红 大 荷 花

On ten lotus flowers

pā zhe shí zhī huó há ma
趴 着 十 只 活 蛤 蟆

There lies prone ten live frogs

(8)

sì hé shí
四 和 十

Four and ten

shí hé sì
十 和 四

Ten and four

shí sì hé sì shí
十 四 和 四 十

Fourteen and forty

sì shí hé shí sì
四 十 和 十 四

Forty and fourteen

shuō hǎo sì hé shí
说 好 四 和 十

To speak four and ten well

děi kào shé tou hé yá chǐ
得 靠 舌 头 和 牙 齿

Depends upon your tongue and teeth

shéi shuō sì shí shì xì xí
谁 说 四 十 是 "细 席"

Whoever says forty is "fine narrow seat"

tā de shé tou méi yòng lì
他 的 舌 头 没 用 力

His tongue is lack of strength

30

shéi shuō shí sì shì shì shí
谁　说 十 四 是 "适 时"

whoever says fourteen is "timely"

tā de shé tou méi shēn zhí
他 的 舌 头 没 伸 直

his tongue does not straighten up

rèn zhēn xué cháng liàn xí
认 真 学，常　练 习

learn earnestly and practice often

shí sì sì shí sì shí sì
十 四、四 十、四 十 四

the three numbers: fourteen, forty and forty-four

(9)

shí xiǎo sì hé shǐ xiāo shí
石 小 四 和 史 肖 石

Shi Xiaosi, Shi Xiaoshi

yì tóng lái dào yuè lǎn shì
一 同 来 到 阅 览 室

come to the reading room together

shí xiǎo sì nián shí sì
石 小 四 年 十 四

Shi Xiaosi is 14 years old

shǐ xiāo shí nián sì shí
史 肖 石 年 四 十

Shi Xiaoshi is 40 years old

nián shí sì de shí xiǎo sì ài kàn shī cí
年 十 四 的 石 小 四 爱 看 诗 词

The 14-year-old Shi Xiaosi loves to read poems

nián sì shí de shǐ xiāo shí ài kàn bào zhǐ
年 四 十 的 史 肖 石 爱 看 报 纸

The 40-year-old Shi Xiaoshi loves to read newspaper

nián sì shí de shǐ xiāo shí fā xiàn le hǎo shī cí
年 四 十 的 史 肖 石 发 现 了 好 诗 词

The 40-year-old Shi Xiaoshi discovers a good poem

máng dì gěi nián shí sì de shí xiǎo sì
忙　递 给 年 十 四 的 石 小 四

and hurriedly passes it to the 14-year-old Shi Xiaosi

nián shí sì de shí xiǎo sì kàn jiàn le hǎo bào zhǐ
年 十 四 的 石 小 四 看 见 了 好 报 纸

The 14-year-old Shi Xiaosi finds a good newspaper

máng dì gěi nián sì shí de shǐ xiāo shí
忙　递 给 年 四 十 的 史 肖 石

and immediately gives it to the 40-year-old Shi Xiaoshi

(10)

sì shì sì shí shì shí
四是四,十是十;

Four is four, ten is ten;

sì bú shì shí shí bú shì sì
四不是十,十不是四;

Four is not ten, ten is not four;

shí sì shì shí sì sì shí shì sì shí
十四是十四,四十是四十;

Fourteen is fourteen, forty is forty;

shí sì bú shì sì shí sì shí bú shì shí sì
十四不是四十,四十不是十四;

Fourteen is not forty, forty is not fourteen;

xiān xué shí sì zài xué sì shí
先 学十四,再学四十;

First learn fourteen, then learn forty;

xué sì shí bié shuō shí sì
学四十别 说十四,

xué shí sì bié shuō sì shí
学十四别说四十。

When you learn forty, don't say fourteen; When you learn fourteen, don't say forty.

(11)

xiǎo bái tù bái yòu bái
小 白兔,白又白,

Little white rabbit, white and white

liǎng zhī ěr duo shù qī lái
两 只耳朵 竖起来,

The two ears stand up on their end

ài chī luó bo ài chī cài
爱吃萝卜爱吃菜,

It eats either turnip or vegetables

bèng bèng tiào tiào zhēn kě'ài
蹦 蹦 跳跳 真 可爱。

It jumps up and down and it's really cute.

(12)

liǎng zhī lǎo hǔ liǎng zhī lǎo hǔ
两 只老虎,两 只老虎,

Two tigers, two tigers

pǎo de kuài pǎo de kuài
跑 得快,跑 得快,

Run fast, run fast

yì zhī méi you wěi bā
一 只 没 有 尾 巴，

One does not have tail

yì zhī méi you ěr duo
一 只 没 有 耳 朵，

One does not have ear

zhēn qí guài zhēn qí guài
真 奇 怪，真 奇 怪。

They look really weird, really weird.

(13)

yī èr sān sì wǔ
一 二 三 四 五，

One two three four five

shàng shān kàn lǎo hǔ
上 山 看 老 虎，

Let's go to the mountain to see tigers

lǎo hǔ méi kàn jiàn
老 虎 没 看 见，

We can't find any tigers

kàn jiàn le dà sōng shǔ
看 见 了 大 松 鼠，

Instead we see some big squirrels

sōng shǔ yǒu jǐ zhī
松 鼠 有 几 只，

How many squirrels are altogether

ràng wǒ shǔ yi shǔ
让 我 数 一 数，

Let me count

yī èr sān sì wǔ
一 二 三 四 五，

One two three four five

wǔ zhī dà sōng shǔ
五 只 大 松 鼠。

Five big squirrels

(14)

huā māo yǒu yì shēn huā máo
花 猫 有 一 身 花 毛，

A spotted cat has spotted hair,

huī māo yǒu yì shēn huī máo
灰 猫 有 一 身 灰 毛。

A grey cat has grey hair.

huā māo xiǎng yào huī māo de huī máo
花 猫 想 要 灰 猫 的 灰 毛，

The flower cat wants to have the grey cat's grey hair,

huī māo xiǎng yào huā māo de huā máo
灰 猫 想要花 猫 的 花 毛。

The grey cat wants to have the flower cat's flower hair.

huā māo yào bu liǎo huī māo de huī máo
花 猫 要 不 了 灰 猫 的 灰 毛,

The flower cat cannot get the grey cat's grey hair,

huī māo yě yào bu liǎo huā māo de huā máo
灰 猫 也 要 不 了 花 猫 的 花 毛。

The grey cat cannot get the flower cat's flower hair.

huā māo hái shì yì shēn huā máo
花 猫 还 是 一 身 花 毛,

The flower cat still has its flower hair,

huī māo hái shì yì shēn huī máo
灰 猫 还 是 一 身 灰 毛。

The grey cat still has its grey hair.

(15)

dōng biān lái le yì zhī xiǎo shān yáng
东 边 来 了 一 只 小 山 羊

A small goat comes from the east.

xī biān lái le yì zhī dà huī láng
西 边 来 了 一 只 大 灰 狼

A big grey wolf comes from the west.

yì qǐ zǒu dào xiǎo qiáo shàng
一 起 走 到 小 桥 上

Both the goat and the wolf walk to a small bridge.

xiǎo shān yáng bú ràng dà huī láng
小 山 羊 不 让 大 灰 狼

The small goat does not yield to the big grey wolf.

dà huī láng bú ràng xiǎo shān yáng
大 灰 狼 不 让 小 山 羊

And the big grey wolf does not yield to the small goat.

xiǎo shān yáng jiào dà huī láng ràng
小 山 羊 叫 大 灰 狼 让

xiǎo shān yáng
小 山 羊

The small goat asks the big grey wolf to let him pass.

dà huī láng jiào xiǎo shān yáng ràng
大 灰 狼 叫 小 山 羊 让

dà huī láng
大 灰 狼

The big grey wolf asks the small goat to let him pass.

xiǎo shān yáng bú ràng dà huī láng
小 山 羊 不 让 大 灰 狼

The small goat does not give in to the big grey wolf.

dà huī láng bú ràng xiǎo shān yáng
大 灰 狼 不 让 小 山 羊

huī láng shān yáng pū tōng yì qǐ
灰 狼 山 羊 扑 通 一 起

diào dào hé zhōng yāng
掉 到 河 中 央。

The big grey wolf does not give in to the small goat.

Both the goat and wolf fall into the middle of the river.

Lesson 2   Everyday Chinese
第二课　天天用语

教学提示

Teaching Points

1. 疑问词——吗/什么
   Question word—ma/what
2. 疑问句——……吗/什么？
   Question sentence—...ma/what?
3. 日常用语/打招呼
   Daily expressions/Simple greetings

功能交际句型
Functional & Communicative Frames

1. A: Nǐ hǎo./Nín hǎo.

   B: Nǐ hǎo./Nín hǎo.

2. A: Nǐ hǎo ma?

   B: Wǒ hěn hǎo, xièxie. Nǐ ne?

   A: Wǒ yě hěn hǎo. Xièxie.

3. A: Nǐ xìng shénme?

   B: Wǒ xìng Lǐ. Nǐ ne?

   A: Wǒ xìng Wáng. Nǐ jiào shénme?

   B: Wǒ jiào Lǐ Míng. Nǐ ne?

   A: Wǒ jiào Wáng Zhōng.

4. A: Nǐ máng ma?

   B: Wǒ hěn máng. Nǐ ne?

   A: Wǒ bù máng, xièxie, zàijiàn.

   B: Zàijiàn.

1. A: 你好。/您好。

   B: 你好。/您好。

2. A: 你好吗？

   B: 我很好，谢谢。你呢？

   A: 我也很好。谢谢。

3. A: 你姓什么？

   B: 我姓李。你呢？

   A: 我姓王。你叫什么？

   B: 我叫李明。你呢？

   A: 我叫王中。

4. A: 你忙吗？

   B: 我很忙。你呢？

   A: 我不忙，谢谢，再见。

   B: 再见。

交际转换扩展

Communicative Transformation and Build-ups

1. A: Nǐ hǎo
   你好。

   B: Nǐ hǎo.
   你好。

Nín hǎo.	您好。
Zǎoshang hǎo.	早上好。 *good morning*
Shàngwu hǎo.	上午好。
Xiàwǔ hǎo.	下午好。
Wǎnshang hǎo.	晚上好。
Wǎn'ān.	晚安。 *Good night.*

2. A: Nǐ hǎo ma?
   你好吗？

   B: Wǒ hěn hǎo. Xièxie.
   我很好。谢谢。

   A: Zàijiàn.
   再见。

   B: Zàijiàn.
   再见。

Nǐmen	你们	Wǒmen	我们
Tā	他/她	Tā	他/她
Tāmen	他们/她们	Tāmen	他们/她们
Nǐ tàitai/ fūren	你太太/夫人	Tā	她
Nǐ xiānsheng	你先生	Tā	他
Nǐ háizi	你孩子	Tā/Tāmen	他/她/他们/她们
Nǐ fùmǔ	你父母	Tāmen	他们
Nǐ jiāren	你家人	Tāmen	他们
xiōngdìjiěmèi	兄弟姐妹		

3. A: Nǐ xìng shénme?
   你姓什么？

   B: Wǒ xìng Lǐ.
   我姓李。

   A: Nǐ jiào shénme?
   你叫什么？

   B: Wǒ jiào Lǐ Míng.
   我叫李明。

Chén	陈	Chén Yīng	陈英
Fāng	方	Fāng Yúnpéng	方云鹏
Liú	刘	Liú Míng	刘明
Jiāng	江	Jiāng Nán	江南
Hú	胡	Hú Wénzhōng	胡文中

4. A: Nǐ *máng* ma?

你忙吗?

B: Wǒ hěn *máng*. Nǐ ne?

我很忙。 你呢?

A: Wǒ bù *máng*.

我不忙。

lèi	累
kùn	困
kě	渴
rè	热
è	饿
dǒng	懂
lěng	冷
gāoxìng	高兴
kāixīn	开心
nánguò	难过 -sad

5. A: Nǐmen *máng* ma?

你们忙吗?

B: Wǒmen hěn *máng*.

我们很忙。

Tāmen ne?

他们呢?

A: Tāmen bù *máng*.

他们不忙。

生词 NEW WORDS				
wǒ	我	(代)	I; me
wǒmen	我们	(代)	we; us
nǐ	你	(代)	you
nǐmen	你们	(代)	you (*pl.*)
nín ning	您	(代)	you (polite form)
tā	他/她/它	(代)	he/him; she/her; it
tāmen	他们	(代)	they; them
hǎo	好	(形)	good; well
hěn hun	很	(副)	very
xièxie	谢谢	(动)	thank
ne na	呢	(助)	particle
yě yic	也	(副)	also
máng	忙	(形)	busy
xìng sing	姓	(名, 动)	surname; to be surnamed

Kuai lè

Qing ren jié Kuai lè — Happy Valentines

Dui bu qǐ - sorry
Méi guangǐ - it doesn't matter
Nó doesn't

jiào	叫	（动）	to be called (name)
shénme	什么	（代）	what
xià cì	下次		next time
bù	不	（副）	no; not
zàijiàn	再见	（动）	goodbye

Saijian

补充生词 Additional Words and Phrases

early zǎoshang	早上	（名）	(early) morning	*zǎshanghao - goodmorning*
shàngwǔ *-time*	上午	（名）	morning	
xiàwǔ	下午	（名）	afternoon	
wǎnshang	晚上	（名）	evening	*zhong - midde*
wǎn'ān	晚安	（名）	good night	
xiānsheng	先生	（名）	sir; mister; husband	*(last name then xiansheng)*
lèi	累	（形）	to be tired	
kùn *qun*	困	（形）	sleepy	
kě *Kuě*	渴	（形）	thirsty	
rè *je*	热	（形）	hot	
è *ue*	饿	（形）	hungry	
dǒng	懂	（动）	understand	*wo bu dǒng = I don't understand.*
lěng *long.*	冷	（形）	cold	
gāoxìng	高兴	（形）	happy; glad	
kāixīn	开心	（形）	having fun; merry	
fùmǔ	父母	（名）	parents	
jiějie	姐姐	（名）	elder sister	
mèimei	妹妹	（名）	younger sister	
gēge	哥哥	（名）	elder brother	
dìdi	弟弟	（名）	younger brother	
xiōngdì jiěmèi	兄弟姐妹		siblings	
tàitai	太太	（名）	misses.; wife	
fūren	夫人	（名）	madam	
háizi	孩子	（名）	child; kid	
jiārén	家人	（名）	family member	

常用短语和句子　Useful Words and Phrases

duōxiè	多谢	many thanks
fēicháng gǎnxiè	非常感谢	thanks very much
bú shèng gǎnjī	不胜感激	be grateful
duìbuqǐ	对不起	sorry
méi guānxi	没关系	it doesn't matter
bú bì kèqi	不必客气	no need to be polite; you are welcome
búyòng xiè	不用谢	no need to thank; you are welcome
méi shénme	没什么	it's nothing
méi shìr	没事儿	don't mention it
bú yàojǐn	不要紧	it doesn't matter
méi wèntí	没问题	it's no problem
bú kèqi	不客气	you are welcome (reply to thank you)
bú xiè	不谢	you bet
nǎli	哪里	a reply to thank you or a compliment
nín tài kèqi le	您太客气了	you are too polite; you are welcome
qiānwàn bié kèqi	千万别客气	don't be polite at all
nǎr de huà	哪儿的话	no need to be that polite
bié tài dāng huíshìr	别太当回事儿	do not take it seriously
zhè shì zěnme shuō de	这是怎么说的	how can you say that
huíjiàn	回见	bye bye; see you in a minute
huítóur jiàn	回头儿见	see you later
míngtiān jiàn	明天见	see you tomorrow
míngr jiàn	明儿见	see you tomorrow

xiàwǔ jiàn	下午见	see you in the afternoon
yíhuìr jiàn	一会儿见	see you in a moment
hòutiān jiàn	后天见	see you day after tomorrow
xià ge xīngqī jiàn	下个星期见	see you next week
xià ge yuè jiàn	下个月见	see you next month
míngnián jiàn	明年见	see you next year
xià cì jiàn	下次见	see you next time
lǎo dìfang jiàn	老地方见	see you at the old place
xià kè jiàn	下课见	see you after class
xià bān jiàn	下班见	see you after work
bú jiàn bú sàn	不见不散	do not go till we meet
zài huì	再会	goodbye
wǎn'ān	晚安	good night

立竿见影

INSTANT AND EFFECTIVE PRACTICE

I. 短平快式交际会话　Short, Easy and Fast Dialogues

1. A: Zǎoshang hǎo. / 早上好。
   B: Zǎoshang hǎo. / 早上好。

2. A: Nǐ hǎo ma? / 你好吗？
   B: Wǒ hěn hǎo. Xièxie. Nǐ ne? / 我很好。谢谢。你呢？
   A: Wǒ yě hěn hǎo, xièxie, zàijiàn. / 我也很好，谢谢，再见。
   B: Míngtiān jiàn. / 明天见。

3. A: Lǎoshī hǎo. / 老师好。
   B: Tóngxuémen hǎo. / 同学们好。
   A: Lǎoshī, nín máng ma? / 老师，您忙吗？
   B: Wǒ hěn máng. Nǐmen ne? / 我很忙。你们呢？

A: Wǒmen bú tài máng. / 我们不太忙。

4. A: Nǐ xiānsheng hǎo ma? / 你先生好吗？

B: Tā hěn hǎo. Xièxie. Nǐ tàitai ne? / 他很好。谢谢。你太太呢？

A: Tā yě hěn hǎo. Xièxie. Huítóu jiàn. / 她也很好。谢谢。回头见。

B: Yíhuìr jiàn. / 一会儿见。

5. A: Tā xìng shénme? / 他姓什么？

B: Tā xìng Chén. Nǐ ne? Nǐ yě xìng Chén ma? / 他姓陈。你呢？你也姓陈吗？

A: Bù, wǒ bú xìng Chén. Wǒ xìng Chéng. / 不，我不姓陈。我姓程。

B: Nǐ jiào shénme míngzi? / 你叫什么名字？

A: Wǒ jiào Chéng Lì. Tā jiào Chén Hóng. / 我叫程丽。他叫陈宏。

II. 配对游戏 Match Game

1. gēge / 哥哥   a) friend

2. péngyou / 朋友   b) elder brother

3. xiānsheng / 先生   c) boss

4. fūren / 夫人   d) busy

5. fùmǔ / 父母   e) husband

6. jiěmèi / 姐妹   f) elder and younger sisters

7. jīnglǐ / 经理   g) name

8. lǎoshī / 老师   h) teacher

9. míngzi / 名字   i) madam

10. máng / 忙   j) parents

III. 交际互动 Communicative Exchange

1. A: Nǐ mèimei hǎo ma?

你妹妹好吗？

B: _____

A: _____

B: Tā yě hěn hǎo. Xièxie.
他也很好。谢谢。

2. A: _____

B: Wǒ bú lèi. Nǐ ne?
我不累。你呢？

A: Wǒ yě bú lèi, wǒ máng. Nǐ ne?
我也不累，我忙。你呢？

B: _____

3. A: Tā dǒng ma?
他懂吗？

B: _____

A: Wǒ bú tài dǒng.
我不太懂。

B: Duìbuqǐ.
对不起。

A: _____

4. A: _____

B: Wǒ bù shūfu.
我不舒服。

5. A: _____ ma?

B: Bù, wǒ bú xìng Hú. Wǒ xìng Jiāng.
不，我不姓胡。我姓姜。

A: Nǐ jiào shénme míngzi?
你叫什么名字？

B: _____

1. Tóngxuémen (　　　　　　).

   同学们(　　　　　)?

2. (　　　　　) hǎo.

   (　　　　　)好。

3. Lǎoshī (　　　　) máng. Nǐmen yě hěn máng ma?

   老师(　　　　　)忙。你们也很忙吗?

4. Nǐ xiānsheng hǎo (　　　　)?

   你先生好(　　　　　)?

5. Tā (　　　　　). Xièxie. Nín (　　　　　) yě hǎo ma?

   他(　　　　)。谢谢。您(　　　　　)也好吗?

6. Tā (　　　　　) hěn hǎo. Xièxie. Zàijiàn.

   她(　　　　)很好。谢谢。再见。

7. (　　) Wáng, (　　　) Wáng Zhōng.

   (　　　　)王,(　　　　)王中。

1. 好(hǎo)　很(hěn)　他(tā)　夫人(fūren)　吗(ma)　也(yě)

2. 对不起(duìbuqǐ)　老师(lǎoshī)　很(hěn)　累(lèi)

3. 朋友(péngyou)　男(nán)　吗(ma)　困(kùn)　你(nǐ)

4. 吗(ma)　你(nǐ)　高兴(gāoxìng)　先生(xiānsheng)

5. 女朋友(nǚpéngyou)　太(tài)　哥哥(gēge)　忙(máng)　的(de)
   我(wǒ)

6. 叫(jiào)　姐姐(jiějie)　名字(míngzi)　什么(shénme)　孩子(háizi)
   的(de)　你(nǐ)

VI. 译一译 Translate the Following into Chinese

1. A: How do you do, Sir.

   B: How do you do, Madam.

   A: How are you?

   B: Fine, thank you. And you?

   A: I'm fine too. Thank you.

2. A: How are they?

   B: They are very well. Thank you.

   A: What about you?

   B: I'm not feeling well.

   A: Sorry.

   B: It doesn't matter.

   A: Goodbye.

   B: See you tomorrow.

3. A: Is your surname Liu?

   B: No, my surname is Li. And yours?

   A: My surname is Li too. What's your name?

   B: My name is Li Ming. What's yours?

   A: My name is Li Guo'an.

   B: What's your wife's name?

   A: Her name is An Jing. And your wife?

   B: Her name is An Quan. Your wife and my wife are sisters.

4. A: Is your girlfriend busy?   nǚ píng yǒ - girlfriend

   B: Yes, she is very busy.

   A: What about you? Are you busy?

   B: I'm not busy. I'm tired. And you?

   A: I'm very busy and very tired too.

   B: How about the teacher?

   A: He is busy, but (kěshì) not too tired. He is happy too.

   B: Very good!

VII. 交际任务 Communicative Tasks

1. Greet your business partner whom you meet for the first time.

2. Start a conversation between a teacher and a student and ask how each is doing.

3. You are away from home for a business trip, and you are making a long distance call to your parents and ask how they are doing; how your siblings are doing; how your relatives are doing, etc.

4. Your family members ask about you and your wife/husband and children.

5. Converse with your co-worker and ask each other's names and surnames.

6. Role-play: teacher and students; parents and children; doctor and patient: ask how life treats everyone.

7. Greet people at different time of a day at your work place or school.

8. Conversation between your manager/boss and you: it is lunch time and you are still working hard. Your manager/boss initiates a conversation with you.

9. Tell your friend(s) how each member of your family is doing.

10. Tell as many people as you know about how everyone you know is doing.

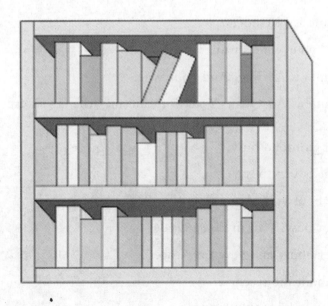

Lesson 3　Practical Numbers (1)
第三课　实用数字(一)

教学提示

Teaching Points

1. 疑问词——什么
   Question word—what
2. 疑问句——几……?
   Question sentence—how many...?
3. 应用数字 0-99
   Usage of numbers 0-99

数数/ Shǔ Shù　**Counting In Chinese: 0 through 99**

0—líng	1—yī	2—èr	3—sān	4—sì
5—wǔ	6—liù	7—qī	8—bā	9—jiǔ
10—shí	11—shíyī	12—shí'èr	13—shísān	14—shísì
15—shíwǔ	16—shíliù	17—shíqī	18—shíbā	19—shíjiǔ
20—èrshí	21—èrshíyī	22—èrshí'èr	23—èrshísān	24—èrshísì
25—èrshíwǔ	26—èrshíliù	27—èrshíqī	28—èrshíbā	29—èrshíjiǔ
30—sānshí	31—sānshíyī	32—sānshí'èr	33—sānshísān	34—sānshísì
35—sānshíwǔ	36—sānshíliù	37—sānshíqī	38—sānshíbā	39—sānshíjiǔ
40—sìshí	41—sìshíyī	42—sìshí'èr	43—sìshísān	44—sìshísì
45—sìshíwǔ	46—sìshíliù	47—sìshíqī	48—sìshíbā	49—sìshíjiǔ
50—wǔshí	51—wǔshíyī	52—wǔshí'èr	53—wǔshísān	54—wǔshísì
55—wǔshíwǔ	56—wǔshíliù	57—wǔshíqī	58—wǔshíbā	59—wǔshíjiǔ
60—liùshí	61—liùshíyī	62—liùshí'èr	63—liùshísān	64—liùshísì
65—liùshíwǔ	66—liùshíliù	67—liùshíqī	68—liùshíbā	69—liùshíjiǔ
70—qīshí	71—qīshíyī	72—qīshí'èr	73—qīshísān	74—qīshísì
75—qīshíwǔ	76—qīshíliù	77—qīshíqī	78—qīshíbā	79—qīshíjiǔ
80—bāshí	81—bāshíyī	82—bāshí'èr	83—bāshísān	84—bāshísì
85—bāshíwǔ	86—bāshíliù	87—bāshíqī	88—bāshíbā	89—bāshíjiǔ
90—jiǔshí	91—jiǔshíyī	92—jiǔshí'èr	93—jiǔshísān	94—jiǔshísì
95—jiǔshíwǔ	96—jiǔshíliù	97—jiǔshíqī	98—jiǔshíbā	99—jiǔshíjiǔ

转换扩展
Transformation and Build–ups

汉语九九表 / Hànyǔ Jiǔjiǔ Biǎo Multiple Table in Chinese

yī yī dé yī

yī èr dé èr, èr èr dé sì

yī sān dé sān, èr sān dé liù, sān

    sān dé jiǔ

yī sì dé sì, èr sì dé bā, sān sì shí

    èr, sì sì shí liù

yī wǔ dé wǔ, èr wǔ yī shí, sān wǔ

    shíwǔ, sì wǔ èrshí, wǔ wǔ èrshíwǔ

乘法口诀表

2	3	4	5
$2 \times 1 = 2$	$3 \times 1 = 3$	$4 \times 1 = 4$	$5 \times 1 = 5$
$2 \times 2 = 4$	$3 \times 2 = 6$	$4 \times 2 = 8$	$5 \times 2 = 10$
$2 \times 3 = 6$	$3 \times 3 = 9$	$4 \times 3 = 12$	$5 \times 3 = 15$
$2 \times 4 = 8$	$3 \times 4 = 12$	$4 \times 4 = 16$	$5 \times 4 = 20$
$2 \times 5 = 10$	$3 \times 5 = 15$	$4 \times 5 = 20$	$5 \times 5 = 25$
$2 \times 6 = 12$	$3 \times 6 = 18$	$4 \times 6 = 24$	$5 \times 6 = 30$
$2 \times 7 = 14$	$3 \times 7 = 21$	$4 \times 7 = 28$	$5 \times 7 = 35$
$2 \times 8 = 16$	$3 \times 8 = 24$	$4 \times 8 = 32$	$5 \times 8 = 40$
$2 \times 9 = 18$	$3 \times 9 = 27$	$4 \times 9 = 36$	$5 \times 9 = 45$

yī liù dé liù, èr liù shí'èr, sān liù shíbā, sì liù èrshísì, wǔ liù sānshí,

    liù liù sānshíliù

yī qī dé qī, èr qī shísì, sān qī èrshíyī, sì qī èrshíbā, wǔ qī sānshíwǔ,

    liù qī sìshí'èr, qī qī sìshíjiǔ

yī bā dé bā, èr bā shíliù, sān bā èrshísì, sì bā sānshí'èr, wǔ bā sìshí,

    liù bā sìshíbā, qī bā wǔshíliù, bā bā liùshísì

yī jiǔ dé jiǔ, èr jiǔ shíbā, sān jiǔ èrshíqī, sì jiǔ sānshíliù, wǔ jiǔ sìshíwǔ,

    liù jiǔ wǔshísì, qī jiǔ liùshísān, bā jiǔ qīshí'èr, jiǔ jiǔ bāshíyī

功能交际句型
Functional & Communicative Frames

电话号码 / Diànhuà Hàomǎ Telephone Number

A: Qǐngwèn, nǐ de diànhuà shì duōshao?

    请问，你的电话是多少？

B: Wǒ de diànhuà (hàomǎ) shì 503–241–9678. Nǐ de ne?

    我的电话(号码)是 503–241–9678。你的呢？

A: Wǒ de diànhuà (hàomǎ) shì 971–235–0486.

    我的电话(号码)是 971–235–0486。

交际转换扩展
Communicative Transformation and Build-ups

home
Nǐ jiā de diànhuà (hàomǎ) shì duōshao? 你家的电话(号码)是多少?

work
Nǐ gōngzuò de diànhuà shì duōshao? 你工作的电话是多少?

office
Nǐ bàngōngshì de diànhuà shì duōshao? 你办公室的电话是多少?

boss
Nǐ lǎobǎn de diànhuà shì duōshao? 你老板的电话是多少?

manager
Nǐ jīnglǐ de diànhuà shì duōshao? 你经理的电话是多少?

Public workplace
Nǐ dānwèi de diànhuà shì duōshao? 你单位的电话是多少?

parents (formal)
Nǐ fùmǔ de diànhuà shì duōshao? 你父母的电话是多少?

brother
Nǐ gēge de diànhuà shì duōshao? 你哥哥的电话是多少?

sister
Nǐ jiějie de diànhuà shì duōshao? 你姐姐的电话是多少?

younger brother
Nǐ dìdi de diànhuà shì duōshao? 你弟弟的电话是多少?

younger sister
Nǐ mèimei de diànhuà shì duōshao? 你妹妹的电话是多少?

boyfriend
Nǐ nán /nǚpéngyou de diànhuà shì duōshao? 你男/女朋友的电话是多少?

Cellphone
Nǐ de shǒujī hàomǎ shì duōshao? 你的手机*号码是多少?

Wǒ...de diànhuà hàomǎ shì 971–235–0486. 我……的电话号码是971–235–0486。你的呢?

Nǐ de ne? *How about you?*

Wǒ de shì 503–241–9678. 我的是503–241–9678。

功能交际句型
Functional & Communicative Frames

年、月、日、星期/Nián, Yuè, Rì, Xīngqī　**Year, Month, Date, Week**

A: Qǐngwèn, jīntiān shì jǐ yuè jǐ hào?　A: 请问,今天是几月几号?

B: Jīntiān shì 2007 nián 11 yuè 28 hào.　B: 今天是2007年11月28号。

A: Jīntiān shì xīngqī jǐ?　A: 今天是星期几?

B: Jīntiān shì xīngqīsān.　B: 今天是星期三。

---

* 手机(shǒujī): cellular phone

A: Nǐ de shēngrì shì jǐ yuè jǐ hào?

B: Wǒ de shēngrì shì 10 yuè 1 hào.

A: 你的生日是几月几号?

B: 我的生日是 10 月 1 号。

交际转换扩展
Communicative Transformation and Build-ups

(1) A: Qǐngwèn, jīntiān shì jǐ yuè jǐ hào?

请问,今天是几月几号?

B: Jīntiān shì 2008 nián 11 yuè 28 hào.

今天是 2008 年 11 月 28 号。

Míngtiān	明天
Hòutiān	后天
Dà hòutiān	大后天
Zuótiān	昨天
Qiántiān	前天
Dà qiántiān	大前天
Nǐ de shēngrì	你的生日

(2) A: Jīntiān shì xīngqī jǐ?

今天是星期几?

B: Jīntiān shì xīngqīsān.

今天是星期三。

xīngqīyī	星期一	Monday
xīngqī'èr	星期二	Tuesday
xīngqīsān	星期三	Wednesday
xīngqīsì	星期四	Thursday
xīngqīwǔ	星期五	Friday
xīngqīliù	星期六	Saturday
xīngqīrì / tiān	星期日/天	Sunday
Xingtian		

生词 NEW WORDS

jiā	家	(名)	family; home
de	的	(助)	grammar word; possessive particle
diànhuà	电话	(名)	telephone
hàomǎ	号码	(名)	number; size (of clothes/shoes)
shì	是	(动)	to be (am, is, are, were, been)
duōshao	多少	(代)	how

qǐngwèn	请问	（动）	May I ask
gōngzuò	工作	（动，名）	to work; work
bàngōngshì	办公室	（名）	office
dānwèi	单位	（名）	(working) unit
shǒujī	手机	（名）	cellular phone
jīntiān	今天	（名）	today
míngtiān	明天	（名）	tomorrow
hòutiān	后天	（名）	day after tomorrow
dà hòutiān	大后天	（名）	three days from now
zuótiān	昨天	（名）	yesterday
qiántiān	前天	（名）	day before yesterday
dà qiántiān	大前天	（名）	day before day before yesterday
xiànzài	现在	（副）	now
jǐ	几	（数）	how many; several
yuè	月	（名）	month
hào	号	（名）	date; number
xīngqī	星期	（名）	week
shēngrì	生日	（名）	birthday

立竿见影
INSTANT AND EFFECTIVE PRACTICE

I. 短平快式交际会话 Short, Easy and Fast Dialogues

1. A: Qǐngwèn, Měiguó (USA) de guóqìng jié shì jǐ yuè jǐ hào?

   Nationals Day

   请问，美国的国庆节是几月几号？

   B: Měiguó de guóqìng jié shì 7 yuè 4 hào.

   美国的国庆节是 7 月 4 号。

   Jǐ   su

   A: Zhōngguó de guóqìng jié shì jǐ yuè jǐ hào?

   中国的国庆节是几月几号？

B: Zhōngguó de guóqìng jié shì 10 yuè 1 hào.

中国的国庆节是 10 月 1 号。 *shuí*

2. A: Qǐngwèn, nǐ jiā de diànhuà (hàomǎ) shì duōshao?

请问,你家的电话(号码)是多少?

B: 503–289–1110. *yao instead of yí*

wuling er ba jiu

A: Shǒujī de ne? / 手机的呢?

B: Duìbuqǐ, wǒ méiyou shǒujī. / 对不起,我没有手机。

don't have cell phone

3. A: Yì nián yǒu duōshao ge yuè? / 一年有多少个月?

B: 12 ge yuè. / 12 个月。

A: Yǒu duōshao xīngqī? / 有多少星期?

B: 52 ge. / 52 个。

A: Yí ge yuè yǒu jǐ ge xīngqī? Duōshao tiān? / 一个月有几个星期?多少天?

B: Yí ge yuè yǒu sì ge xīngqī, 30 huò (or) 31 tiān.

一个月有四个星期,30 或 31 天。

A: Èr yuè ne? / 二月呢?

B: Èr yuè yǒu 28 tiān huò 29 tiān. / 二月有 28 天或 29 天。

II. 配对游戏 Match Game

1. nián, yuè, rì, xīngqī / 年,月,日,星期 a) three days ago

2. duōshao tiān / 多少天 b) this morning

3. 12 yuè 25 hào / 12 月 25 号 c) 9 times 9 equals 81

4. jīntiān zǎoshang / 今天早上 d) cellular phone

5. jiǔ jiǔ bāshíyī / 九九八十一 e) how many weeks

6. shǒujī / 手机 f) the date for Christmas

7. gōngzuò diànhuà / 工作电话 g) work phone (number)

8. jǐ ge xīngqī / 几个星期 h) year, month, date, week

9. dà qiántiān / 大前天 i) how many days

第三课 实用数字(一)

III. 交际互动 Communicative Exchange

1. A: Qǐngwèn, nǐ de gōngzuò diànhuà hàomǎ shì duōshao?
   请问,你的工作电话号码是多少?
   B: _____. Nǐ de ne?
   _____。你的呢?
   A: _____
   B: Xièxie.
   谢谢。
   A: Bú kèqi.
   不客气。

2. A: _____
   B: 10 yuè 1 hào.
   10 月 1 号。
   A: Xīngqī jǐ?
   星期几?
   B: _____

3. A: 1 yuè, 3 yuè, 5 yuè, 7 yuè, 8 yuè, 10 yuè, 12 yuè yǒu duōshao tiān?
   1 月,3 月,5 月,7 月,8 月,10 月,12 月有多少天?
   B: _____.
   A: 4 yuè, 6 yuè, 9 yuè, 11 yuè ne?
   4 月,6 月,9 月,11 月呢?
   B: _____.
   A: 2 yuè ne?
   2 月呢?
   B: _____.

IV. 想一想,填一填 Fill in the Blanks with Proper Words

1. Qǐngwèn, xiànzài (   ) le?
   请问,现在(   )了?
2. (   ) shì 1980 nián 12 yuè 25 hào.
   (   )是 1980 年 12 月 25 号。

53

3. Zuótiān shì (   ), jīntiān shì (   ), míngtiān shì (   ).
   昨天是(   ),今天是(   ),明天是(   )。

4. Qǐngwèn, nǐ de shǒujī (   ) shì duōshao?
   请问,你的手机(   )是多少?

5. Nǐ fùmǔ de shēngrì (   )?
   你父母的生日(   )?

6. 1 yuè dà, yǒu (   ) tiān. (   ) yuè xiǎo, yǒu 28 tiān.
   1 月大,有(   )天。(   )月小,有 28 天。

V. 组词成句 Make Sentences with the Given Words

1. 人(rén) 中国(Zhōngguó) 多(duō) 很(hěn) 加拿大(Jiānádà)
   多(duō) 人(rén) 不(bù)

2. 吃饭(chī fàn) 几点(jǐ diǎn) 我们(wǒmen) 中午(zhōngwǔ)
   今天(jīntiān)

3. 多少(duōshao) 电话(diànhuà) 是(shì) 号码(hàomǎ)
   的(de) 老板(lǎobǎn)

4. 昨天(zuótiān) 生日(shēngrì) 是(shì) 弟弟(dìdi) 我(wǒ) 的(de)

5. 7 天(tiān) 一(yí) 星期(xīngqī) 有(yǒu) 个(ge)

VI. 译一译 Translate the Following into Chinese

1. A: What month and date is your son's birthday?

   B: His birthday is August 8.

   A: How old is he?

   B: He is five years old.

   A: And how old are your parents?

   B: My father is 62 this year, my mother is 59.

   A: And you?

   B: I'm 30.

2. A: What day is America's birthday?

   B: America's birthday is July 4th, 1776.

   A: And China's (Zhōngguó) birthday?

   B: China's birthday is October 1, 1949.

   A: And your grandparents?

   B: Sorry, I don't know.

3. A: How many months are there in a year?

   B: 12.

   A: How many weeks are there in a year?

   B: 52.

   A: How many weeks are there in a month?

   B: 4.

   A: How many days are there in a month?

   B: January, March, May, July, August, October, December each has 31 days; April, June, September, November each has 30 days. February has 28 or 29 days.

4. A: What's your home phone number?

   B: My home phone number is 971−404−2678.

   A: What's your work phone number?

   B: My work phone number is: 503−889−0876.

   A: And your cellular phone number?

   B: Sorry, I don't have a cellular phone.

VII. 交际任务 Communicative Tasks

1. Start a conversation with one of your classmate on your class schedule.

2. Tell the age of any 5−10 people at different ages you know.

3. Ask and answer questions about your daily schedule at school, at work, at home, etc.

4. Tell birth year, month, date and day, if possible, of your family members and

everyone you know.

5. Tell telephone numbers of as many people as you know, including their home phone number, work phone number, cellular phone number, office phone number, etc.

6. Role-play: the 1st person starts by telling his/her birth month and date, the 2nd person repeats the previous person's birth month and date and add his/her own; the last person has to report everyone's birth date.

7. Tell how many months are there in a year; how many weeks in a year and a month; how many days in a year, month and a week.

8. Role-play: state your birth date including year, month and date and then report it to the class by using the third person singular form.

9. Class game: count numbers from 0－99, one person counts one number without stopping. If someone counts incorrectly, s/he has to the Multiple Table or sing a song or recite a tongue twister learned in Lesson One.

10. Class game: ask the person sitting next to you the birthday of a person s/he knows. After the question is answered, then the second person turns to the third person to ask a different person's birthday, and so on so forth.

Lesson 4　Practical Numbers (2)
第四课　实用数字(二)

Teaching Points

1. 疑问词——几(点)?
   Question word—what time?
2. 疑问句——……多大?
   Question sentence—how much/old...?
3. 应用数字 0-99
   Usage of numbers 0-99

功能交际句型
Functional & Communicative Frames

时间 / Shíjiān　Time

A: Qǐngwèn, xiànzài jǐ diǎn le?　　A: 请问,现在几点了?

B: 11 diǎn bàn.　　　　　　　　B: 11 点半。

A: Wǒmen jǐ diǎn chī fàn?　　　A: 我们几点吃饭?

B: 12 diǎn.　　　　　　　　　　B: 12 点。

交际转换扩展
Communicative Transformation and Build-ups

A: Wǒmen jǐ diǎn chī fàn?

我们几点吃饭?

shàng kè	上课	xiūxi	休息
xià kè	下课	chūfā	出发
shàng bān	上班	chū mén	出门
xià bān	下班	jiàn miàn	见面
shàng xué	上学	shàng fēijī	上飞机
fàng xué	放学	xià fēijī	下飞机
kāi huì	开会	shuì jiào	睡觉
sàn huì	散会	zuò fàn	做饭
huí jiā	回家		

B: 12 diǎn
12 点。

zhōngwǔ 12 diǎn	中午 12 点	12 diǎn bàn	12 点半
wǔyè 12 diǎn	午夜 12 点	12 diǎn 30 fēn	12 点 30 分
12 diǎn zhěng	12 点整	12 diǎn sān kè	12 点 3 刻
12 diǎn 5 fēn	12 点 5 分	12 diǎn 45 fēn	12 点 45 分
12 diǎn 15 fēn	12 点 15 分	chà yí kè 1 diǎn	差一刻 1 点
12 diǎn yí kè	12 点 1 刻		

功能交际句型
Functional & Communicative Frames

钱 / Qián   **Money**

A: Qǐngwèn, kāfēi duōshao qián?
B: 24 kuài 7 máo 5 (fēn qián)

A: 请问，咖啡多少钱？
B: 24 块 7 毛 5（分钱）。

交际转换扩展
Communicative Transformation and Build-ups

A: Kāfēi duōshao qián?
咖啡多少钱？

B: 24 kuài 7 máo 5.
24 块 7 毛 5。

8 máo 5	8 毛 5
liǎng kuài 1 máo	两块 1 毛
3 kuài líng 5 (fēn)	3 块零 5（分）
3 kuài 5 (máo)	3 块 5（毛）
10 kuài 5 máo 5 (fēn qián)	10 块 5 毛 5（分钱）
99 kuài 9 máo 9 (fēn qián)	99 块 9 毛 9（分钱）
20 kuài zhěng	20 块整

chá	茶
hóngchá	红茶
lǜchá	绿茶
bīngchá	冰茶
kělè	可乐
Kěkǒukělè	可口可乐
Bǎishìkělè	百事可乐
Qīxǐ	七喜
Xuěbì	雪碧
píngzhuāngshuǐ	瓶装水
bīngshuǐ	冰水
qìshuǐ	汽水
píjiǔ	啤酒
pútaojiǔ	葡萄酒
bái pútaojiǔ	白葡萄酒
hóng pútaojiǔ	红葡萄酒

功能交际句型
Functional & Communicative Frames

年龄 / Niánlíng　**Age**

A: Qǐngwèn, jīnnián nǐ duō dà le?　　　　A: 请问,今年你多大了?

B: 28 suì.　　　　　　　　　　　　　　B: 28 岁。

A: Nǐ fùmǔ duō dà niánjì le?　　　　　A: 你父母多大年纪了?

B: Wǒ fùqin 56 suì, mǔqin 53 suì.　　B: 我父亲 56 岁,母亲 53 岁。

A: Nǐ háizi jǐ suì le?　　　　　　　　A: 你孩子几岁了?

B: Sān suì bàn.　　　　　　　　　　　B: 三岁半。

交际转换扩展
Communicative Transformation and Build-ups

(1) A: Qǐngwèn, jīnnián nǐ duō dà (le)?

　　　请问,今年你多大(了)?

　　B: 28 suì.

　　　28 岁。

(2) A: Nǐ fùqin duō dà niánjì le?

　　　你父亲多大年纪了?

　　B: Wǒ fùqin 56 suì.

　　　我父亲 56 岁。

tā	他/她
nǐ gēge	你哥哥
nǐ jiějie	你姐姐
nǐ dìdi	你弟弟
nǐ mèimei	你妹妹
nǐ xiānsheng	你先生
nǐ tàitai	你太太
nǐ àiren	你爱人
nǐ nánpéngyou	你男朋友
nǐ nǚpéngyou	你女朋友
nǐ tóngwū	你同屋
nǐ tóngxué	你同学

yéye / zǔfù	爷爷/祖父	shūshu / shěnzi	叔叔/婶子
nǎinai / zǔmǔ	奶奶/祖母	yímǔ (yímā) / yífù	姨母(姨妈)/姨父
lǎoye / wàigōng	姥爷/外公	gūmǔ (gūmā) / gūfù	姑母(姑妈)/姑父
lǎolao / wàipó	姥姥/外婆	jiùfù (jiùjiu) / jiùmǔ	舅父(舅舅)/舅母
bóbo / bómǔ	伯伯/伯母		

(3) A: Nǐ háizi jǐ suì le?
你孩子几岁了？

B: Sān suì bàn.
三岁半。

xiǎohái	小孩	nín sūnzi	您孙子
(xiǎo) nánhái	(小)男孩	nín sūnnǚ	您孙女
(xiǎo) nǚhái	(小)女孩	nǐ zhízi	你侄子
xiǎo péngyou	小朋友	nǐ zhínǚ	你侄女
xiǎo gūniang	小姑娘	nǐ wàisheng	你外甥
nín érzi	您儿子	nǐ wàishengnǚ	你外甥女
nín nǚ'ér	您女儿		

生词 NEW WORDS

jǐ diǎn	几点		what time
chī fàn	吃饭		eat (meal)
zhōngwǔ	中午	(名)	noon
wǔyè	午夜	(名)	midnight
zhěng	整	(名)	the whole
kè	刻	(名)	a quarter (of an hour)
bàn	半	(名)	half
fēn	分	(名)	minute; cent; penny
chà	差	(动,形)	differ; short of; bad
kāfēi	咖啡	(名)	coffee
duōshao	多少	(疑问代词)	how many; how much
qián	钱	(名)	money
kuài	块	(量)	piece; (RMB) dollar
máo	毛	(名)	(RMB) ten cents or a dime; animal hair
jīnnián	今年	(名)	this year
duō dà	多大		how old (is someone)
suì	岁	(名)	year; years of age
niánjì	年纪	(名)	years of age (old people)
fùqin	父亲	(名)	father
mǔqin	母亲	(名)	mother
shàng kè	上课		go to class
xià kè	下课		get out of class; finish class
shàng bān	上班		go to work; to be on duty

xià bān	下班		go off work
shàng xué	上学		attend school; be at school
fàng xué	放学		finish school for the day
kāi huì	开会		attend or hold a meeting
sàn huì	散会		adjourn a meeting
huí jiā	回家		go (return) home
xiūxi	休息	（动）	rest; to have or take a rest
chūfā	出发	（动）	to set out; start off
chū mén	出门		to be away from (home); go on journey
jiàn miàn	见面		to meet; to see
shàng fēijī	上飞机		to get on plane
xià fēijī	下飞机		to get off plane
shuì jiào	睡觉		to go to bed; sleep
zuò fàn	做饭		to cook

补充生词 Additional Words and Phrases

chá	茶	（名）	tea
hóngchá	红茶	（名）	black tea
lǜchá	绿茶	（名）	green tea
bīngchá	冰茶	（名）	ice tea
kělè	可乐	（名）	cola
Kěkǒukělè	可口可乐	（专名）	Coca Cola
Bǎishìkělè	百事可乐	（专名）	Pepsi-Cola
Qīxǐ	七喜	（专名）	Seven-up
Xuěbì	雪碧	（专名）	Sprite
píngzhuāngshuǐ	瓶装水	（名）	bottled water
bīngshuǐ	冰水	（名）	ice water
qìshuǐ	汽水	（名）	soda pops
píjiǔ	啤酒	（名）	beer
pútaojiǔ	葡萄酒	（名）	grape wine
bái pútaojiǔ	白葡萄酒	（名）	white grape wine

hóng pútaojiǔ	红葡萄酒	(名)	red grape wine
yéye / zǔfù	爷爷/祖父	(名)	grandfather
nǎinai / zǔmǔ	奶奶/祖母	(名)	grandmother
lǎoye / wàigōng	姥爷/外公	(名)	maternal grandfather
lǎolao / wàipó	姥姥/外婆	(名)	maternal grandmother
bóbo / bómǔ	伯伯/伯母	(名)	uncle (father's elder brother) /uncle's wife
shūshu / shěnzi	叔叔/婶子	(名)	uncle (father's younger brother / uncle's wife
yímǔ (yímā) / yífù	姨母(姨妈)/姨父	(名)	aunt (mother's sister)/her husband
gūmǔ (gūmā) / gūfù	姑母(姑妈)/姑父	(名)	aunt (father's sister)/her husband
jiùfù (jiùjiu) / jiùmǔ	舅父(舅舅)/舅母	(名)	uncle (mother's brother)/his wife
xiǎohái	小孩	(名)	child
(xiǎo) nánhái	(小)男孩	(名)	boy
(xiǎo) nǚhái	(小)女孩	(名)	girl
xiǎo péngyou	小朋友	(名)	children; little boy/girl
xiǎo gūniang	小姑娘	(名)	little girl
xiǎo xiǎozi	小小子	(名)	young lad; small child (boy)
érzi	儿子	(名)	son
nǚ'ér	女儿	(名)	daughter
sūnzi	孙子	(名)	grandson (son's son)
sūnnü	孙女	(名)	granddaughter(son's daughter)
xiǎo wáwa	小娃娃	(名)	baby, child
zhízi	侄子	(名)	brother's son; nephew
zhínü	侄女	(名)	brother's daughter; niece
wàisheng	外甥	(名)	sister's son, nephew
wàishengnü	外甥女	(名)	sister's daughter; niece

立竿见影
INSTANT AND EFFECTIVE PRACTICE

 **I. 短平快式交际会话** Short, Easy and Fast Dialogues

1. A: Nǐ fùmǔ jīnnián duō dà niánjì le? / 你父母今年多大年纪了？

   B: Wǒ fùqin jīnnián 70 suì, mǔqin 66 suì. Nǐ fùmǔ ne?

   我父亲今年 70 岁，母亲 66 岁。你父母呢？

   A: Duìbuqǐ, wǒ bù zhīdào (I don't know). / 对不起，我不知道。

2. A: Píjiǔ duōshao qián? / 啤酒多少钱？

   B: 5 kuài. / 5 块。

   A: Kāfēi ne? / 咖啡呢？

   B: 25 kuài. / 25 块。

3. A: Qǐngwèn, lǎoshī, xiànzài jǐ diǎn le? / 请问，老师，现在几点了？

   B: 11 diǎn 1 kè. / 11 点 1 刻。

   A: Wǒmen jǐ diǎn xià kè? / 我们几点下课？

   B: 11 diǎn 50 fēn. / 11 点 50 分。

   A: Xièxie. / 谢谢。

   B: Bù kèqi. / 不客气。

II. 配对游戏 Match Game

1. duō dà niánjì / 多大年纪   a) three days from now

2. duōshao qián / 多少钱   b) this evening

3. jīnnián 9 suì / 今年 9 岁   c) 7 times 8 equals 56

4. jīntiān wǎnshang / 今天晚上   d) to buy coffee

5. qī bā wǔshíliù / 七八五十六   e) how old (is a child)

6. mǎi kāfēi / 买咖啡   f) 99 yuan 99 cents

7. 99 kuài 9 máo 9 fēn qián / 99 块 9 毛 9 分钱 g) nine years of age this year

8. jǐ suì / 几岁   h) how much (money)?

9. dà hòutiān / 大后天   i) how old (is an old person)

III. 交际互动 Communicative Exchange

1. A: _____

 B: Tā 5 suì.
  他 5 岁。

 A: Tā de shēngrì shì jǐ yuè jǐ hào?
  他的生日是几月几号？

 B: _____

2. A: Qǐngwèn, shǒujī duōshao qián?
  请问，手机多少钱？

 B: _____

 A: Diànnǎo (computer) ne?
  电脑呢？

 B: Duìbuqǐ. _____
  对不起。

 A: _____

3. A: _____

 B: Tā jīnnián 80 suì le.
  他今年 80 岁了。

A: Tā de shēngrì shì jǐ yuè jǐ hào?

　　他的生日是几月几号?

B: _____, wǒ bù zhīdao.

　　_____,我不知道。

1. Qǐngwèn, xiànzài (　　　　　　) le?

　　请问,现在(　　　　　　)了?

2. (　　　　　　) duō dà le?

　　(　　　　　　)多大了?

3. Lǎoshī, nín de háizi (　　　　　　) le?

　　老师,您的孩子(　　　　　　)了?

4. Kāfēi (　　　　　　) qián?

　　咖啡(　　　　　　)钱?

5. Qǐngwèn, (　　　　　　) jǐ diǎn le?

　　请问,(　　　　　　)几点了?

6. Qǐngwèn, nǐ yǒu duōshao (　　　　　　)?

　　请问,你有多少(　　　　　　)?

7. Nǐ fùmǔ duōdà (　　　　　　) le?

　　你父母多大(　　　　　　)了?

1. 几岁(jǐ suì)　今年(jīnnián)　小孩(xiǎohái)　妹妹(mèimei)　你(nǐ)
   的(de)

2. 吃饭(chī fàn)　几点(jǐ diǎn)　我们(wǒmen)　晚上(wǎnshang)
   今天(jīntiān)

3. 多少(duōshao)　电话(diànhuà)　是(shì)　号码(hàomǎ)　的(de)
   老师(lǎoshī)

4. 钱(qián)　啤酒(píjiǔ)　青岛(Qīngdǎo)　冰(bīng)　多少(duōshao)

EEC中文快易通1

5. 多少(duōshao) 钱(qián) 请问(qǐngwèn) 可口可乐(Kěkǒukělè) 冰(bīng)

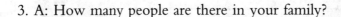

VI. 译一译 Translate the Following into Chinese

1. A: What time is it now?

   B: 11:30.

   A: What time do we eat today?

   B: 12:00 noon.

   A: And tomorrow?

   B: 12:30.

2. A: How much is the ice tea?

   B: 3.50 (RMB).

   A: What about the bear?

   B: 5 (RMB).

   A: Thank you.

   B: You bet.

3. A: How many people are there in your family?

   B: There are 6 people in my family.

   A: Who are they?

   B: They are: my parents, my wife and my two children, one boy and one girl, and me.

   A: How old are your parents?

   B: My father is 60 years old, my mother is 58 years old, my wife is 32, my son is 6, my daughter is 3, and I'm 34. May I ask how old are you?

   A: I'm older than your wife, but younger than you. How old am I?

   B: You are 33!

VII. 交际任务　Communicative Tasks

1. Carry on a conversation with one of your classmates/co-workers about what time you eat, drink coffee/tea, work, take rest (xiūxi) everday, etc.

2. Tell what time you drink (hē) coffee, eat, go to work, get off work, attend a meeting, attend/finish class, go home, rest, etc.

3. Describe your one-week daily schedule in detail.

4. Tell age of each member of your family, including your maternal and paternal grand parents, your siblings, your spouse and children, if you have any, etc.

5. Role-play: you are doing a survey on a bus, ask everyone who is being surveyed about his/her age with different forms of age related questions depending the person's age.

6. Role-play: at a grocery store checkout, ask for the price of everything you want to buy.

7. Carry on a conversation with between a customer and a store clerk about what kind of drinks the store has and how much for each, etc.

8. Class game: count numbers from 0−99, one person counts one number without stopping.　If someone counts incorrectly,　s/he has to do the Multiple Table or sing a song or recite a tongue twister learned in Lesson One.

9. Tell what time you get up, eat three meals of a day, go to work, go to class, get off work, get off class, go to bed, do HW, watch TV, read newspapers, get on-line, etc.

10. Group practice (two to three people as a group): Tell as many people's age, birthdays, daily schedules as you know; ask price for as many things as you can say.

UNIT ONE SUMMARY

ASK	ANSWER
Nǐ hǎo!	Nǐ hǎo!
Xièxie.	Bú kèqi.
Zàijiàn.	Zàijiàn.
Wǎn'ān.	Wǎn'ān.
Nǐ hǎo ma?	Wǒ hěn hǎo.
Nǐ jiào shénme?	Wǒ jiào Lǐ Míng.
Nǐ máng ma?	Wǒ hěn máng.
Nǐ de diànhuà shì duōshao?	Wǒ de diànhuà shì 971–235–0489.
Jīntiān shì jǐ yuè jǐ hào?	Jīntiān shì 2008 nián 11 yuè 28 hào.
Nǐ de shēngrì shì jǐ yuè jǐ hào?	Wǒ de shēngrì shì 10 yuè 1 hào.
Jīntiān shì xīngqī jǐ?	Jīntiān shì xīngqīsān.
Xiànzài jǐ diǎn le?	11 diǎn bàn.
Wǒmen jǐ diǎn chī fàn?	12 diǎn.
Kāfēi duōshao qián?	24 kuài 7 máo 5 (fēn qián).
Jīnnián nǐ duō dà le?	28 suì.
Nǐ fùmǔ duō dà niánjì le?	Wǒ fùqin 56 suì, mǔqin 53 suì.
Nǐ háizi jǐ suì le?	Sān suì bàn.

UNIT TWO   PERSONAL BIO INFO
第二单元　个人篇

Lesson 5　Who Is He?
第五课　他是谁?

Teaching Points

1. 疑问词——谁
   Question word—Who
2. 疑问句——……吗?
   Question sentence—...ma?
3. 叫什么名字?
   What's your name
4. 中国人的称谓
   Ways Chinese address to each other

功能交际句型
Functional & Communicative Frames

1. A: Nǐ jiào shénme míngzi?
   B: Wǒ jiào Wáng Lì.

1. A: 你叫什么名字?
   B: 我叫王力。

2. A: Tā shì shéi?
   B: Tā shì wǒ (de) bàba.

2. A: 他是谁?
   B: 他是我(的)爸爸。

3. A: Tā shì nǐ bàba ma?
   B: Bú shì, tā shì wǒ lǎoshī.

3. A: 他是你爸爸吗?
   B: 不是,他是我老师。

4. A: Nǐ shì Wáng zhǔrèn ma?
   B: Duì, wǒ shì Wáng Lì.

4. A: 你是王主任吗?
   B: 对,我是王立。

交际转换扩展
Communicative Transformation and Build-ups

1. A: Nǐ jiào shénme míngzi?

   你叫什么名字？

   B: Wǒ jiào Wáng Lì.

   我叫王力。

		māma	妈妈	tàitai	太太
		gēge	哥哥	lǎogōng	老公
nǐ	你	jiějie	姐姐	lǎopo	老婆
tā	他/她	dìdi	弟弟	érzi	儿子
		mèimèi	妹妹	nǚ'ér	女儿
		xiānsheng	先生		

2. A: Tā shì shéi?

   他/她是谁？

   B: Tā shì wǒ (de) bàba.

   他/她是我（的）爸爸。

yéye / zǔfù	爷爷/祖父	mèifu	妹夫
nǎinai / zǔmǔ	奶奶/祖母	tánggē	堂哥
lǎoye / wàigōng	姥爷/外公	tángdì	堂弟
lǎolao / wàipó	姥姥/外婆	tángjiě	堂姐
bóbo / bómǔ	伯伯/伯母	tángmèi	堂妹
shūshu / shěnzi	叔叔/婶子	yígē	姨哥
yímǔ (yímā) / yífù	姨母（姨妈）/姨父	yíjiě	姨姐
gūmǔ (gūmā) / gūfù	姑母（姑妈）/姑父	yídì	姨弟
jiùfù (jiùjiu) / jiùmǔ	舅父（舅舅）/舅母	yímèi	姨妹
yuèfù/lǎozhàngren	岳父/老丈人	guīnǚ	闺女
yuèmǔ/zhàngmuniáng	岳母/丈母娘	nǚxu	女婿
gōnggong	公公	gūye	姑爷
pópo	婆婆	érxí	儿媳
fūren	夫人	érzi	儿子
àiren	爱人	nǚ'ér	女儿
sǎozi	嫂子	sūnzi	孙子
jiěfu	姐夫	sūnnǚ	孙女
dìmèi	弟妹		

3. A: Tā shì nǐ bàba ma?

他/她是你爸爸吗?

B: Bú shì, tā shì wǒ lǎoshī.

不是,他/她是我老师。

péngyou	朋友	shīdì	师弟
lǎobǎn	老板	shījiě	师姐
tóngxué	同学	shīmèi	师妹
tóngwū	同屋	shīfu	师傅
tóngshì	同事	túdi	徒弟
tóngxiāng	同乡	shīfù	师父
xiàoyǒu	校友	shīmǔ	师母
shàngsi	上司	xuéxiōng	学兄
nánpéngyou	男朋友	xuédì	学弟
nǚpéngyou	女朋友	xuéjiě	学姐
hǎopéngyou	好朋友	xuémèi	学妹
shīxiōng	师兄		

4. A: Nǐ shì Wáng zhǔrèn ma?

你是王主任吗?

B: Duì, wǒ shì Wáng Lì.

对,我是王立。

Lǐ xiānsheng	李先生
Wáng tàitai	王太太
Liú xiǎojiě	刘小姐
Wú nǚshì	吴女士
Zhèng jīnglǐ	郑经理
Qián zhǔrèn	钱主任
Chén fūren	陈夫人
Zhāng zǒng(cái)	张总(裁)
Zhāng chù	张处
Zhào gōng	赵工
Qiáo jú	乔局

生词
NEW WORDS

jiào	叫	(动)	to be called/named
shénme	什么	(疑问代词)	what
shì	是	(动)	to be
shéi	谁	(疑问代词)	who
māma	妈妈	(名)	mother
gēge	哥哥	(名)	elder brother
jiějie	姐姐	(名)	elder sister
dìdi	弟弟	(名)	younger brother
mèimei	妹妹	(名)	younger sister
xiānsheng	先生	(名)	Mr./husband

tàitai	太太	（名）	wife
lǎogōng	老公	（名）	husband
lǎopo	老婆	（名）	wife
nǚ'ér	女儿	（名）	daughter
yéye	爷爷	（名）	father's father
nǎinai	奶奶	（名）	father's mother
lǎoye	姥爷	（名）	mother's father
lǎolao	姥姥	（名）	mother's mother
wàigōng	外公	（名）	mother's father
wàipó	外婆	（名）	mother's mother
fūren	夫人	（名）	wife; Mrs.
àiren	爱人	（名）	husband/wife
sǎozi	嫂子	（名）	elder brother's wife
jiěfu	姐夫	（名）	elder sister's husband
dìmèi	弟妹	（名）	younger brother's wife
mèifu	妹夫	（名）	younger sister's husband
péngyou	朋友	（名）	friend
lǎobǎn	老板	（名）	boss
tóngxué	同学	（名）	classmate
tóngwū	同屋	（名）	roommate
tóngshì	同事	（名）	colleague
tóngxiāng	同乡	（名）	fellow villager
xiàoyǒu	校友	（名）	schoolmate
shàngsi	上司	（名）	boss
nánpéngyou	男朋友	（名）	boyfriend
nǚpéngyou	女朋友	（名）	girlfriend
hǎo péngyou	好朋友		good friend
xiǎojiě	小姐	（名）	Miss
nǚshì	女士	（名）	Ms
jīnglǐ	经理	（名）	manager
zhǔrèn	主任	（名）	director
zǒng(cái)	总(裁)	（名）	president
shīxiōng	师兄	（名）	senior fellow
shīdì	师弟	（名）	junior fellow

补充生词 Additional Words and Phrases

shījiě	师姐	（名）	senior female fellow
shīmèi	师妹	（名）	junior female fellow
shīfu	师傅	（名）	master worker
túdi	徒弟	（名）	apprentice
shīfù	师父	（名）	master, teacher
shīmǔ	师母	（名）	teacher's wife
xuéxiōng	学兄	（名）	senior fellow at school
xuédì	学弟	（名）	junior fellow at school
xuéjiě	学姐	（名）	senior female fellow at school
xuémèi	学妹	（名）	junior female fellow at school
yuèfù/	岳父/	（名）	father-in-law; wife's father
lǎozhàngren	老丈人		
yuèmǔ/	岳母/	（名）	mother-in-law; wife's mother
zhàngmuniáng	丈母娘		
gōnggong	公公	（名）	father-in-law; husband's father
pópo	婆婆	（名）	mother-in-law; husband's mother
fūren	夫人	（名）	madam; Mrs.
àiren	爱人	（名）	spouse
sǎozi	嫂子	（名）	sister-in-law; elder brother's wife
jiěfu	姐夫	（名）	brother-in-law; elder sister's husband
dìmèi	弟妹	（名）	sister-in-law; younger brother's wife
mèifu	妹夫	（名）	brother-in-law; younger sister's husband
tánggē	堂哥	（名）	male cousin; father's brother's son older than you
tángdì	堂弟	（名）	male cousin; father's brother's son younger than you
tángjiě	堂姐	（名）	female cousin; father's brother's daughter older than you
tángmèi	堂妹	（名）	female cousin; father's brother's daughter younger than you

yígē	姨哥	（名）	male cousin; mother's sister's son older than you
yíjiě	姨姐	（名）	female cousin; mother's sister's daughter older than you
yídì	姨弟	（名）	male cousin; mother's sister's son younger than you
yímèi	姨妹	（名）	female cousin; mother's sister's daughter younger than you
guīnü	闺女	（名）	daughter
nǚxu	女婿	（名）	son-in-law; daughter's husband
gūye	姑爷	（名）	son-in-law; daughter's husband
érxí	儿媳	（名）	daughter-in-law; son's wife
Zhāng zǒng(cái)	张总（裁）	（名）	President (company) Zhang
Zhāng chù (zhǎng)	张处（长）	（名）	Division Head Zhang
Zhào gōng (chéngshī)	赵工（程师）	（名）	Engineer Zhao
Qiáo jú (zhǎng)	乔局（长）	（名）	Bureau Director Qiao

立竿见影

INSTANT AND EFFECTIVE PRACTICE

I. 短平快式交际会话　Short, Easy and Fast Dialogues

1. A: Qǐngwèn, nǐ jiào shénme? / 请问，你叫什么？

   B: Wǒ jiào Wáng Xuě. / 我叫王雪。

   A: Nǐ shì lǎoshī ma? / 你是老师吗？

   B: Wǒ búshì. / 我不是。

2. A: Tā shì shéi? / 她是谁？

B: Tā shì wǒ jiějie. / 她是我姐姐。

A: Nǐ jiějie jiào shénme? / 你姐姐叫什么？

B: Tā jiào Zhèng Fāng. / 她叫郑芳。

A: Xièxie. / 谢谢。

B: Bú kèqi. / 不客气。

3. A: Nǐ shì Wáng tàitai ma? / 你是王太太吗？

B: Bú shì. / 不是。

A: Shéi shì Wáng tàitai? / 谁是王太太？

B: Tā shì. / 她是。

A: Xièxie. / 谢谢。

B: Búyòng xiè. / 不用谢。

4. A: Tā shì nǐ mèimei ma? / 她是你妹妹吗？

B: Duì, tā shì wǒ mèimei. / 对，她是我妹妹。

A: Tā jiào Liú Líng ma? / 她叫刘玲吗？

B: Bù, tā jiào Liú Lín. / 不，她叫刘琳。

II. 配对游戏 Match Game

1. lǎogōng / 老公   a) younger sister

2. tóngwū / 同屋   b) who

3. nǚ'ér / 女儿   c) colleague

4. jīnglǐ / 经理   d) friend

5. mèimei / 妹妹   e) boss

6. tóngshì / 同事   f) roommate

7. lǎobǎn / 老板   g) to be called

8. péngyou / 朋友   h) husband

9. jiào / 叫   i) daughter

10. shéi / 谁   j) manager

III. 交际互动 Communicative Exchange

1. A: Tā shì shéi?
   他是谁？
   B: _____
   A: _____
   B: Bú kèqi.
   不客气。

2. A: _____
   B: Tā bú shì wǒ lǎoshī.
   他不是我老师。
   A: Tā shì shéi?
   他是谁？
   B: _____

3. A: Tā shì nǐ jiějie de péngyou ma?
   他是你姐姐的朋友吗？
   B: _____
   A: Tā shì shéi?
   他是谁？
   B: _____

4. A: _____
   B: Wǒ jiào Wáng Hóng.
   我叫王红。
   A: Ní shì lǎoshī ma?
   你是老师吗？
   B: _____

IV. 想一想,填一填 Fill in the Blanks with Proper Words

1. Tā shì wǒ péngyou de (   ).
   他是我朋友的(   )。
2. Nǐ (   ) shénme?
   你(   )什么？

3. Tā (　　　　) wǒ de péngyou.

他(　　　　)我的朋友。

4. Nǐ shì Wáng lǎoshī (　　　　　　)?

你是王老师(　　　　)?

5. Tā shì nǐ (　　　　) ma?

他是你(　　　　)吗?

6. (　　　　　　) shì Liú zhǔrèn de tàitai.

(　　　　　)是刘主任的太太。

V. 组词成句　Make Sentences with the Given Words

1. 他(tā)　同学(tóngxué)　是(shì)　吗(ma)　你姐姐(nǐ jiějie)　的(de)

2. 谁(shéi)　他(tā)　是(shì)

3. 什么(shénme)　叫(jiào)　你儿子(nǐ érzi)

4. 钱(Qián)　太太(tàitai)　她(tā)　是(shì)

VI. 译一译　Translate the Following into Chinese

1. A: Excuse me, who is Teacher Zhang?　　B: He is.
   A: Thanks.　　B: You're welcome.

2. A: Who is she?　　B: She is my roommate.
   A: What's her name?　　B: Her name is Wang Lili.

VII. 交际任务　Communicative Tasks

1. Introduce yourself at a general business setting.

2. Introduce your teacher in your class.

3. Introduce your friend to your colleague.

4. Introduce your boyfriend/girlfriend/spouse to your parents.

5. Introduce your classmate to your teacher.

6. Introduce your roommate to your landlord.

7. Introduce your colleague to your business partner.

8. Introduce your boss to your business counterpart.

9. Introduce your family members at a party.

10. Introduce as many people as you know in any real world situation / setting you can think of.

Lesson 6　Which Country Are You from?
第六课　你是哪国人？

Teaching Points

1. 疑问词——哪
   Question word—which
2. 疑问句——……是不是……；……还是……
   Question sentence—...can or an't...; ...or...
3. 国家,语言
   countries, languages

功能交际句型
Functional & Communicative Frames

1. A: Nǐ shì nǎ guó rén?
   B: Wǒ shì Zhōngguórén.

1. A: 你是哪国人？
   B: 我是中国人。

2. A: Nǐ huì bu huì shuō Yīngyǔ?
   B: Wǒ huì shuō yìdiǎnr.

2. A: 你会不会说英语？
   B: 我会说一点儿。

3. A: Nǐ shì Zhōngguórén háishì Rìběnrén?
   B: Wǒ shì Zhōngguórén.

3. A: 你是中国人还是日本人？
   B: 我是中国人。

交际转换扩展
Communicative Transformation and Build-ups

1. A: Nǐ shì nǎ guó rén?
   你是哪国人？
   B: Wǒ shì Zhōngguórén.
   我是中国人。

Rìběnrén	日本人	Mòxīgērén	墨西哥人
Hánguórén	韩国人	Fǎguórén	法国人
Tàiguórén	泰国人	Déguórén	德国人
Yuènánrén	越南人	Yīngguórén	英国人
Mǎláixīyàrén	马来西亚人	Éluósīrén	俄罗斯人
Jiānádàrén	加拿大人	Yìdàlìrén	意大利人

2. A: Nǐ huì bu huì shuō Yīngyǔ?

　　　你会不会说英语？

　　B: Wǒ huì shuō yìdiǎnr.

　　　我会说一点儿。

Hànyǔ	汉语
Zhōngwén	中文
Rìyǔ	日语
Hányǔ	韩语
Tàiyǔ	泰语
Yuènányǔ	越南语
Mǎláixīyàyǔ	马来西亚语
Xībānyáyǔ	西班牙语
Fǎyǔ	法语
Déyǔ	德语
Éyǔ	俄语
Yìdàlìyǔ	意大利语
Pútáoyáyǔ	葡萄牙语

3. A: Nǐ shì Zhōnghuórén háishì Rìběnrén?

　　　你是中国人还是日本人？

　　B: Wǒ shì Zhōngguórén.

　　　我是中国人。

Xīlàrén	希腊人
Āijírén	埃及人
Tǔ'ěrqírén	土耳其人
Yīlǎngrén	伊朗人
Yīlākèrén	伊拉克人
Yǐsèlièrén	以色列人

生 词 NEW WORDS				
nǎ	哪	(代)	which
guó	国	(名)	country
rén	人	(名)	people
nǎ guó rén	哪国人		which country are you from
Zhōngguórén	中国人	(专名)	Chinese
huì	会	(动)	can, able to
shuō	说	(动)	to speak
Yīngyǔ	英语	(专名)	English
yìdiǎnr	一点儿		a little bit
Rìyǔ	日语	(专名)	Japanese
Hányǔ	韩语	(专名)	Korean
Tàiyǔ	泰语	(专名)	Thai
Yuènányǔ	越南语	(专名)	Vietnamese
Mǎláixīyàyǔ	马来西亚语	(专名)	Malaysian

Xībānyáyǔ	西班牙语	（专名）	Spanish
Fǎyǔ	法语	（专名）	French
Déyǔ	德语	（专名）	German
Éyǔ	俄语	（专名）	Russian
Yìdàlìyǔ	意大利语	（专名）	Italian
Pútáoyáyǔ	葡萄牙语	（专名）	Portuguese
Rìběnrén	日本人	（专名）	Japanese
Hánguórén	韩国人	（专名）	Korean
Tàiguórén	泰国人	（专名）	Thai
Yuènánrén	越南人	（专名）	Vietnamese
Mǎláixīyàrén	马来西亚人	（专名）	Malaysian
Jiānádàrén	加拿大人	（专名）	Canadian
Mòxīgērén	墨西哥人	（专名）	Mexican
Fǎguórén	法国人	（专名）	French
Déguórén	德国人	（专名）	German
Yīngguórén	英国人	（专名）	British
Éluósīrén	俄罗斯人	（专名）	Russian
Yìdàlìrén	意大利人	（专名）	Italian
Xīlàrén	希腊人	（专名）	Greek
Āijírén	埃及人	（专名）	Egyptian
Tǔ'ěrqírén	土耳其人	（专名）	Turk
Yīlǎngrén	伊朗人	（专名）	Iranian
Yīlākèrén	伊拉克人	（专名）	Iraqi
Yǐsèlièrén	以色列人	（专名）	Israeli
Hànyǔ	汉语	（专名）	Chinese language
Zhōngwén	中文	（专名）	Chinese language

第六课　你是哪国人？

立竿见影
INSTANT AND EFFECTIVE PRACTICE

 I. 短平快式交际会话 Short, Easy and Fast Dialogues

1. A: Tā shì shéi? / 他是谁？

   B: Tā shì wǒ de péngyou. / 他是我的朋友。

   A: Tā shì bu shì Rìběnrén? / 他是不是日本人？

   B: Búshì. / 不是。

   A: Tā shì nǎ guó rén? / 他是哪国人？

   B: Tā shì Hánguórén. / 他是韩国人。

2. A: Nǐ tóngwū shì Fǎguórén ma? / 你同屋是法国人吗？

   B: Duì. / 对。

   A: Tā huì bu huì shuō Xībānyáyǔ? / 他会不会说西班牙语？

   B: Huì. / 会。

   A: Nǐ ne? / 你呢？

   B: Wǒ huì shuō yìdiǎnr. / 我会说一点儿。

3. A: Nǐ shì Měiguórén háishì Yīngguórén? / 你是美国人还是英国人？

   B: Dōu búshì. / 都不是。

   A: Nǐ shì nǎ guó rén? / 你是哪国人？

   B: Wǒ shì Jiānádàrén. / 我是加拿大人。

   A: Nǐ huì shuō Déyǔ ma? / 你会说德语吗？

   B: Wǒ huì shuō yìdiǎnr. / 我会说一点儿。

4. A: Wáng Lì shì bu shì nǐ lǎobǎn? / 王立是不是你老板？

   B: Shì. / 是。

   A: Tā shì nǎ guó rén? / 他是哪国人？

   B: Tā shì Yìdàlìrén. / 他是意大利人。

EEC中文快易通 1

1. dōu / 都   a) Mexican
2. Yīlǎngrén / 伊朗人   b) able to
3. nǎ / 哪   c) Chinese language
4. Mòxīgērén / 墨西哥人   d) Spanish
5. guó / 国   e) which
6. Zhōngwén / 中文   f) Iranian
7. rén / 人   g) to speak
8. Xībānyáyǔ / 西班牙语   h) all
9. shuō / 说   i) people
10. huì / 会   j) country

III. 交际互动 Communicative Exchange

1. A: Nǐ shì nǎ guó rén?
   你是哪国人？
   B: _____
   A: Nǐ jiào shénme?
   你叫什么？
   B: _____
   A: Nǐ huì shuō Pútáoyáyǔ ma?
   你会说葡萄牙语吗？
   B: _____

2. A: _____
   B: Búshì Mǎláixīyàrén.
   不是马来西亚人。
   A: Nǐ shì nǎ guó rén?
   你是哪国人？
   B: _____

3. A: Zhāng xiānsheng shì Tàiguórén ma?
   张先生是泰国人吗？

84

B: _____

A: Tā huì shuō Fǎyǔ háishì Déyǔ?

他会说法语还是德语？

B: _____

4. A: Nǐ láoshī shì bu shì Éluósīrén?

你老师是不是俄罗斯人？

B: _____

A: Xièxie.

谢谢。

B: _____

IV. 想一想, 填一填　Fill in the Blanks with Proper Words

1. Wáng xiānsheng, nǐ tàitai shì (　　　　)?

王先生, 你太太是(　　　　)?

2. Nǐ huì (　　　　) Hànyǔ ma?

你会(　　　　)汉语吗？

3. Tā bú (　　　　) Tǔ'ěrqírén.

他不(　　　　)土耳其人。

4. Nǐ shì Éluósīrén (　　　　) Déguórén?

你是俄罗斯(　　　　)德国人？

5. Wǒmen dōu bú huì shuō (　　　　).

我们都不会说(　　　　)。

6. Nǐ nǚ'ér de nánpéngyou shì Yuènánrén (　　　　)?

你女儿的男朋友是越南人(　　　　)?

V. 组词成句　Make Sentences with the Given Words

1. 不是(bú shì)　我(wǒ)　老师(lǎoshī)　英国人(Yīngguórén)

2. 哪(nǎ)　国(guó)　人(rén)　是(shì)　周(Zhōu)　主任(zhǔrèn)

3. 吗(ma)　你(nǐ)　朋友(péngyou)　说(shuō)　会(huì)　汉语(Hànyǔ)

4. 还是(háishì)　钱(Qián)　经理(jīnglǐ)　日本人(Rìběnrén)　是(shì)
美国人(Měiguórén)

VI. 译一译 | Translate the Following into Chinese

1. A: Mr. Liu, is your wife a German?   B: No, she is a Russian.
   A: Is her mother also a Russian?   B: Yes, she is.

2. A: Excuse me, are you a Japanese or a Korean?
   B: Neither.
   A: What's your nationality?   B: I am a Chinese.
   A: Can you speak Japanese?   B: A little bit.

VII. 交际任务 | Communicative Tasks

1. You have a new roommate. Ask him of his name, nationality, and languages he can speak.

2. You come across a few travelers. Ask about their nationality and languages they speak.

3. Introduce each of your family members' (including your in-laws) nationality and the native languages they speak.

4. Ask your co-worker what languages s/he can speak.

5. Ask your co-worker whether s/he is a Chinese or a Korean.

6. Tell everyone you know: what's that person's nationality and the language s/he speaks.

7. Introduce yourself, your work and your position at a social gathering.

8. Introduce your business associate by his/her surname, full name, nationality, linguistic ability, work and business title/position at work.

9. Role-play: At the beginning of a party or a social gathering, what do you say to one another?

10. Role-play: At a class reunion, introduce your spouse to your former school/classmates.

Lesson 7   Where Do You Live?
第七课　你住在哪儿？

Teaching Points

1. 疑问词——哪儿
   Question word—Where
2. 语法——儿化韵
   Grammar—Using "er" at the end of a noun
3. 住所
   Places where people live

教学提示

功能交际句型
Functional & Communicative Frames

1. A: Nǐ zhù zài nǎr/nǎli?
   B: Wǒ zhù zài Měiguó.

1. A: 你住在哪儿/哪里？
   B: 我住在美国。

2. A: Nǐ zhù zài Měiguó shénme dìfang?
   B: Wǒ zhù zài Měiguó Niǔyuē Zhōu Niǔyuē Shì.

2. A: 你住在美国什么地方？
   B: 我住在美国纽约州纽约市。

3. A: Nǐ zhù zài Niǔyuē shénme dìfang?
   B: Wǒ zhù zài Niǔyuē Mànhādùn.

3. A: 你住在纽约什么地方？
   B: 我住在纽约曼哈顿。

4. A: Nǐ zhù zài fùmǔ jiā ma?
   B: Bù, wǒ zhù zài gōngyù.

4. A: 你住在父母家吗？
   B: 不，我住在公寓。

交际转换扩展
Communicative Transformation and Build-ups

1. A: Nǐ zhù zài nǎr/nǎli?

   你住在哪儿/哪里？

   B: Wǒ zhù zài Měiguó.

   我住在美国。

Zhōngguó	中国
Hánguó	韩国
Yīngguó	英国
Fǎguó	法国
Déguó	德国
Rìběn	日本
Jiānádà	加拿大
Àodàlìyà	澳大利亚
Xīnxīlán	新西兰
Yìdàlì	意大利
Éluósī	俄罗斯
Xīlà	希腊
Nuówēi	挪威

Nǐmen	你们
Tā/Tāmen	他/他们
Tā/Tāmen	她/她们
Wáng xiānsheng	王先生
Liú lǎoshī	刘老师
Zhāng nǚshì	张女士
Wáng jīnglǐ	王经理
Lǐ zǒngcái	李总裁
Qián zhǔrèn	钱主任
Xiǎo Zhōu	小周

2. A: Nǐ zhù zài shénme dìfang?

   你住在什么地方？

   B: Wǒ zhù zài Měiguó

   我住在美国

   Niǔyuē Zhōu Niǔyuē Shì.

   纽约州纽约市。

Zhōngguó Shànghǎi Shì	中国上海市
Hánguó Fǔshān Shì	韩国釜山市
Yīngguó Lìwùpǔ Shì	英国利物浦市
Fǎguó Mǎsài Shì	法国马赛市
Déguó Fǎlánkèfú Shì	德国法兰克福市
Rìběn Dàbǎn Shì	日本大阪市
Jiānádà Duōlúnduō Shì	加拿大多伦多市
Àodàlìyà Xīní Shì	澳大利亚悉尼市
Xīnxīlán Àokèlán Shì	新西兰奥克兰市
Yìdàlì Mǐlán Shì	意大利米兰市
Éluósī Shèngbǐdébǎo Shì	俄罗斯圣彼得堡市
Xīlà Yǎdiǎn Shì	希腊雅典市

3. A: Nǐ zhù zài shénme dìfang?

   你住在什么地方？

   B: Wǒ zhù zài Niǔyuē Shì Mànhādùn.

   我住在纽约市曼哈顿。

Shànghǎi Shì Pǔdōng	上海市浦东
Fǔshān Shì jiāoqū	釜山市郊区
Lìwùpǔ Shì jìnjiāo	利物浦市近郊
Mǎsài Shì fùjìn	马赛市附近
Déguó Fǎlánkèfú Shì dōngbiān	德国法兰克福市东边
Dàbǎn Shì dōngběi	大阪市东北
Duōlúnduō Shì Zhōngguóchéng	多伦多市中国城
Xīní shìzhōngxīn	悉尼市中心
Àokèlán Shì wānqū	奥克兰市湾区
Mǐlán Shì běibiān	米兰市北边
Shèngbǐdébǎo Shì dàxuéchéng	圣彼得堡市大学城
Yǎdiǎn shìqū	雅典市区
Běijīng Xīchéng Qū	北京西城区
Běijīng Hǎidiàn Qū	北京海淀区
Guǎngzhōu Běijīng Lù	广州北京路
Xiānggǎng Jiǔlóng	香港九龙
Tiānjīn Hépíng Qū	天津和平区

4. A: Nǐ zhù zài fùmǔ jiā ma?

   你住在父母家吗？

   B: Bù, wǒ zhù zài gōngyù.

   不，我住在公寓。

lǚdiàn	旅店
lǚguǎn	旅馆
jiǔdiàn	酒店
bīnguǎn	宾馆
shuāngpīn biéshù	双拼别墅
liánpái biéshù	连排别墅
zhènwū	镇屋
jiǔdiàn gōngyù	酒店公寓
gāocéng gōngyù	高层公寓
dúzhuàng fángwū	独幢房屋
gòngdù/kāngdǒu	共渡/康斗
sùshè	宿舍

生词 NEW WORDS				
zhù	住	(动)	to live
zài	在	(介)	in; at
nǎr/nǎli	哪儿/哪里	(名)	where
dìfang	地方	(名)	place
zhōu	州	(名)	state
shì	市	(名)	city
qū	区	(名)	region; area
shìqū	市区	(名)	urban; city
jiāoqū	郊区	(名)	suburb
dōng	东	(名)	the east
Dōngchéng Qū	东城区	(专名)	the east region of the city
xī	西	(名)	the west
Xīchéng Qū	西城区	(专名)	the west region of the city
nán	南	(名)	the south
běi	北	(名)	the north
xīnán	西南	(名)	southwest
xīběi	西北	(名)	northwest
dōngnán	东南	(名)	southeast
dōngběi	东北	(名)	northeast
fùmǔ	父母	(名)	parents
gōngyù	公寓	(名)	apartment
sùshè	宿舍	(名)	dormitory
lǚdiàn/lǚguǎn/ jiǔdiàn	旅店/旅馆/ 酒店	(名)	hotel
bīnguǎn	宾馆	(名)	guest house
shuāngpīn biéshù	双拼别墅	(名)	semi-detached house
liánpái biéshù	连排别墅	(名)	townhouse
zhènwū	镇屋	(名)	townhouse
jiǔdiàn gōngyù	酒店公寓	(名)	hotel apartment
gāocéng gōngyù	高层公寓	(名)	condominium
dúzhuàng	独幢	(名)	single house

gòngdù/kāngdǒu	共渡/康斗	（名）	condominium
Shànghǎi Shì	上海市	（专名）	Shanghai City
Shǒu'ěr Shì	首尔市	（专名）	Seoul City
Lúndūn Shì	伦敦市	（专名）	London City
Bālí Shì	巴黎市	（专名）	Paris City
Fǎlánkèfú Shì	法兰克福市	（专名）	Frankfurt (Germany)
Dàbǎn Shì	大阪市	（专名）	Osaka City
Duōlúnduō Shì	多伦多市	（专名）	Toronto City
Xīní Shì	悉尼市	（专名）	Sydney City
Àokèlán Shì	奥克兰市	（专名）	Auckland (NZ)
Mǐlán Shì	米兰市	（专名）	Milan (Italy)
Shèngbǐdébǎo Shì	圣彼得堡市	（专名）	St. Petersburg
Yǎdiǎn Shì	雅典市	（专名）	Athens (Greece)

立竿见影
INSTANT AND EFFECTIVE PRACTICE

Ⅰ. 短平快式交际会话 Short, Easy and Fast Dialogues

1. A: Qǐngwèn, nǐ zhù zài nǎr? / 请问，你住在哪儿?

   B: Wǒ zhù zài Měiguó. / 我住在美国。

   A: Nǐ zhù zài Měiguó nǎr? / 你住在美国哪儿?

   B: Wǒ zhù zài Měiguó Niǔyuē Shì. / 我住在美国纽约市。

2. A: Nǐ fùmǔ zhù zài nǎr? / 你父母住在哪儿?

   B: Wǒ fùmǔ zhù zài Měiguó Niǔyuē Shì. / 我父母住在美国纽约市。

   A: Nǐ gēge yě zhù zài Měiguó Niǔyuē Shì ma?

   你哥哥也住在美国纽约市吗?

   B: Bù, wǒ gēge zhù zài Zhōngguó Shànghǎi Shì.

   不，我哥哥住在中国上海市。

3. A: Nǐ gēge zhù zài Shànghǎi shénme dìfang? / 你哥哥住在上海什么地方？

   B: Wǒ gēge zhù zài Shànghǎi Pǔdōng. / 我哥哥住在上海浦东。

   A: Nǐ jiějie yě zhù zài Shànghǎi Pǔdōng ma?

   你姐姐也住在上海浦东吗？

   B: Bù, tā zhù zài Shànghǎi jiāoqū. / 不，她住在上海郊区。

4. A: Nǐ zhù zài fùmǔ jiā ma? / 你住在父母家吗？

   B: Bù, wǒ zhù zài sùshè. / 不，我住在宿舍。

   A: Nǐ jiějie yě zhù zài sùshè ma? / 你姐姐也住在宿舍吗？

   B: Bù, tā zhù zài gōngyù. / 不，她住在公寓。

II. 配对游戏　Match Game

1. zhù / 住　　　　　a) the south
2. běi / 北　　　　　b) state
3. nán / 南　　　　　c) the east
4. xī / 西　　　　　 d) city
5. zài / 在　　　　　e) to live
6. zhōu / 州　　　　 f) the north
7. dōng / 东　　　　g) the west
8. shì / 市　　　　　h) place
9. qū / 区　　　　　 i) at; in
10. dìfang / 地方　　 j) region; area

III. 交际互动　Communicative Exchange

1. A: Nǐ zhù zài nǎr?
   你住在哪儿？
   B: _____
   A: _____

B: Duì, wǒ fùmǔ yě zhù zài Měiguó.

对,我父母也住在美国。

2. A: _____

B: Wǒ zhù zài Niǔyuē.

我住在纽约。

A: Nǐ bàba māma yě zhù zài Niǔyuē Shì ma?

你爸爸妈妈也住在纽约市吗？

B: _____

3. A: Nǐ zhù zài Měiguó shénme dìfang?

你住在美国什么地方？

B: _____

A: Nǐ fùmǔ yě zhù zài _____ ma?

你父母也住在 _____ 吗？

B: _____

4. A: _____

B: Wǒ gēge zhù zài Shànghǎi Pǔdōng.

我哥哥住在上海浦东。

A: Nǐ fùmǔ ne?

你父母呢？

B: _____

IV. 想一想,填一填 Fill in the Blanks with Proper Words

1. Wǒ ( ) zài Měiguó.

我( )在美国。

2. Bù, wǒ bú zhù zài sùshè, wǒ zhù zài ( ).

不,我不住在宿舍,我住在( )。

3. Wǒ fùmǔ zhù zài Měiguó Niǔyuē ( ).

我父母住在美国纽约( )。

4. Wǒ gēge zhù ( ) Zhōngguó Shànghǎi.

我哥哥住( )中国上海。

5. Nǐ zhù zài Měiguó shénme ( )?

你住在美国什么( )?

93

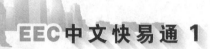

V. 组词成句 Make Sentences with the Given Words

1. 我(wǒ) 美国(Měiguó) 在(zài) 住(zhù)

2. 美国(Měiguó) 也(yě) 住在(zhù zài) 吗(ma) 你(nǐ) 哥哥(gēge)
   纽约市(Niǔyuē Shì)

3. 中国(Zhōngguó) 不(bú) 上海市(Shànghǎi Shì) 我(wǒ) 哥哥(gēge)
   住在(zhù zài)

4. 在(zài) 住(zhù) 美国(Měiguó) 地方(dìfang) 什么(shénme) 你(nǐ)

VI. 译一译 Translate the Following into Chinese

1. A: Where do you live?

   B: I live in the U.S..

   A: Which part of the US do you live?

   B: I live in New York City in the U.S..

2. A: Do you live in your parents' home?

   B: No, I live in the dorm.

   A: Does your sister also live in the dorm?

   B: No, she lives in an apartment.

VII. 交际任务 Communicative Tasks

1. Group in two or three and ask each other where one lives.

2. Tell your partner where your parents live and where each of your family members lives.

3. Change partner and tell your new partner where your first partner lives and where her/his family members live in what country and what part of the country.

4. Tell where each member of your family lives.

5. Mock interview: each person is interviewed by all students in his/her class about the interviewee's nationality, language he/she speaks, what part of the country he/she lives and whether or not he/she lives in a house, duplex, condo, row house, apartment, dorm, etc.

6. Tell where you and each member of your family work.

7. Briefly introduce yourself, your family member, your friends, your spouse, your cousins and everyone you know by name, nationality, state/province and city of the country as well as where they are from and what language they speak.

8. State location of your or someone else's current residence and work place(s).

9. State that your colleague/spouse/friend/family member(s) has gone to a certain country to travel or go to school or work, tell what country/state or province/ city s/he has gone to and where s/he stays.

10. Tell where each member of your family resides, works and possibly their phone numbers too.

Lesson 8　How Many People Are There in Your Family?
第八课　你家有几口人？

功能交际句型
Functional & Communicative Frames

1. A: Nǐ jiā yǒu jǐ kǒu rén?
   B: Wǒ jiā yǒu wǔ kǒu rén.

1. A: 你家有几口人？
   B: 我家有五口人。

2. A: Tāmen shì shéi?
   B: Tāmen shì wǒ tàitai, sān ge háizi hé wǒ.

2. A: 他们是谁？
   B: 他们是我太太，三个孩子和我。

3. A: Jǐ ge nánháir, jǐ ge nǚháir?
   B: Sān ge dōushì nǚháir, méiyou nánháir.

3. A: 几个男孩儿，几个女孩儿？
   B: 三个都是女孩儿，没有男孩儿。

4. A: Nǐ fùmǔ yǒu jǐ ge zǐnǚ?
   B: Wǒ fùmǔ yǒu liù ge zǐnǚ.

4. A: 你父母有几个子女？
   B: 我父母有六个子女。

第八课　你家有几口人？

交际转换扩展
Communicative Transformation and Build-ups

1. A: Nǐ jiā yǒu jǐ kǒu rén?

   你家有几口人？

   B: Wǒ jiā yǒu wǔ kǒu rén.

   我家有五口人。

Wáng xiānsheng jiā	王先生家
Liú lǎoshī jiā	刘老师家
Zhāng nǚshì jiā	张女士家
Wáng jīnglǐ jiā	王经理家
Lǐ zǒngcái jiā	李总裁家
Qián zhǔrèn jiā	钱主任家
Xiǎo Zhōu jiā	小周家

2. A: Tāmen shì shéi?

   他们是谁？

   B: Tāmen shì wǒ tàitai, sān ge háizi hé wǒ.

   他们是我太太，三个孩子和我。

bàba	爸爸
māma	妈妈
gēge	哥哥
jiějie	姐姐
dìdi	弟弟
mèimei	妹妹

3. A: Jǐ ge nánhái, jǐ ge nǚhái?

   几个男孩儿，几个女孩儿？

   B: Sān ge nǚhái, yí ge nánhái.

   三个女孩儿，一个男孩儿。

érzi/nǚ'ér	儿子/女儿
gēge/jiějie	哥哥/姐姐
dìdi/mèimei	弟弟/妹妹

生 词 NEW WORDS				
jiā	家	（名）	family; home
yǒu	有	（动）	have
jǐ	几	（数）	how many
kǒu	口	（名）	measure word
háizi	孩子	（名）	children; child
nán háizi	男孩子	（名）	male child
érzi	儿子	（名）	son
nǚ háizi	女孩子	（名）	female child; girl
nǚ'ér	女儿	（名）	daughter
lǎo	老	（形）	old

dà	大	（形）	big; older
xiǎo	小	（形）	small; young
lǎodà	老大	（名）	the eldest son
lǎosān	老三	（名）	the third sibling

立竿见影
INSTANT AND EFFECTIVE PRACTICE

I. 短平快式交际会话 Short, Easy and Fast Dialogues

1. A: Nǐ jiā yǒu jǐ kǒu rén? / 你家有几口人？

   B: Wǒ jiā yǒu wǔ kǒu rén. / 我家有五口人。

   A: Tāmen shì shéi? / 他们是谁？

   B: Tāmen shì wǒ bàba, māma, liǎng ge gēge hé wǒ.
   他们是我爸爸, 妈妈, 两个哥哥和我。

   A: Nǐ bàba duō dà niánjì le? / 你爸爸多大年纪了？

   B: Tā jīnnián 62 suì le. / 他今年 62 岁了。

   A: Nǐ māma ne? / 你妈妈呢？

   B: Tā yě 62 suì le. / 她也 62 岁了。

2. A: Nǐ fùmǔ yǒu jǐ ge zǐnǚ? / 你父母有几个子女？

   B: Wǒ fùmǔ yǒu sì ge zǐnǚ. / 我父母有四个子女。

   A: Nǐ shì lǎo jǐ? / 你是老几？

   B: Wǒ shì lǎosān. Wǒ yǒu liǎng ge jiějie hé yí ge mèimei./ 我是老三。
   我有两个姐姐和一个妹妹。

   A: Nǐ dàjiě shì bu shì lǎoshī? / 你大姐是不是老师？

   B: Duì, tā shì zhōngxué lǎoshī. / 对, 她是中学老师。

3. A: Nǐ yǒu jǐ ge xiōngdìjiěmèi? / 你有几个兄弟姐妹？

   B: Wǔ ge. / 五个。

A: Nǐ shì lǎodà ma? / 你是老大吗？

B: Bù, wǒ shì lǎosì. Wǒ yǒu sān ge jiějie hé yí ge dìdi.

不，我是老四。我有三个姐姐和一个弟弟。

A: Nǐ jiějiemen zhù zài nǎr? / 你姐姐们住在哪儿？

B: Dàjiě hé èrjiě zhù zài Niǔyuē, sānjiě zhù zài Sānfān Shì.

大姐和二姐住在纽约，三姐住在三藩市。

4. A: Nǐ jiā yǒu jǐ kǒu rén? / 你家有几口人？

B: Wǒ jiā yǒu wǔ kǒu rén. / 我家有五口人。

A: Tāmen shì shéi? / 他们是谁？

B: Wǒ tàitai, sān ge háizi hé wǒ. / 我太太，三个孩子和我。

A: Jǐ ge nánháir? Jǐ ge nǚháir? / 几个男孩儿？几个女孩儿？

B: Dōushì nǚháir, méiyǒu nánháir. / 都是女孩儿，没有男孩儿。

A: Lǎodà jǐ suì le? / 老大几岁了？

B: Lǎodà jīnnián 10 suì. / 老大今年 10 岁。

A: Lǎo'èr hé lǎosān ne? / 老二和老三呢？

B: Dōushì 8 suì. / 都是 8 岁。

A: Dōushì 8 suì? / 都是 8 岁？

B: Duì, tāmen shì shuāngbāotāi. / 对，她们是双胞胎。

II. 配对游戏 Match Game

1. nánháir / 男孩儿　　　　　a) how many

2. lǎosān / 老三　　　　　　b) child

3. jiā / 家　　　　　　　　　c) male child

4. yǒu / 有　　　　　　　　　d) twins

5. jǐ / 几　　　　　　　　　　e) the third child

6. háizi / 孩子　　　　　　　f) family

7. shuāngbāotāi / 双胞胎　　　g) to have

III. 交际互动 Communicative Exchange

1. A: Nǐ jiā yǒu jǐ kǒu rén?
   你家有几口人？

   B: _____

   A: Tāmen shì shéi?
   他们是谁？

   B: _____

   A: Nǐ bàba duō dà niánjì le?
   你爸爸多大年纪了？

   B: _____

   A: Nǐ māma ne?
   你妈妈呢？

   B: _____

2. A: Nǐ yǒu jiěmèi ma?
   你有姐妹吗？

   B: _____

   A: Nǐ jiějie duō dà le?
   你姐姐多大了？

   B: _____

   A: Tā zhù zài nǎr?
   她住在哪儿？

   B: _____

   A: Nǐ yě zhù zài fùmǔ jiā ma?
   你也住在父母家吗？

   B: _____

3. A: Nǐ fùmǔ yǒu jǐ ge zǐnǚ?
   你父母有几个子女？

   B: _____

   A: Nǐ yǒu jiěmèi ma?
   你有姐妹吗？

   B: _____

   A: Nǐ mèimei duō dà?
   你妹妹多大？

   B: _____

4. A: _____

B: Wǔ ge.

五个。

A: _____

B: Bù. Wǒ shì lǎosì. Wǒ yǒu sān ge jiějie hé yí ge dìdi.

不。我是老四。我有三个姐姐和一个弟弟。

A: _____

B: Bù. Tā bú shì lǎoshī.

不。她不是老师。

IV. 想一想,填一填　Fill in the Blanks with Proper Words

1. Wǒ hé wǒ gēge dōushì 18 suì, wǒmen shì (　　　　　).

我和我哥哥都是18岁,我们是(　　　　　)。

2. Nǐ shì (　　　　) háishì lǎo'èr?

你是(　　　　)还是老二?

3. Nǐ fùmǔ yǒu jǐ ge (　　　　)?

你父母有几个(　　　　)?

4. Wǒ péngyou jiā yǒu liù (　　　　) rén.

我朋友家有六(　　　　)人。

5. Wǒ tóngwū yǒu (　　　　) ge mèimei.

我同屋有(　　　　)个妹妹。

6. Wǒ (　　　　) gē zhù zài Fǎguó.

我(　　　　)哥住在法国。

V. 组词成句　Make Sentences with the Given Words

1. 老(lǎo)　我(wǒ)　大(dà)　是(shì)

2. 双胞胎(shuāngbāotāi)　妹妹(mèimei)　住(zhù)　的(de)　日本(Rìběn)　在(zài)　我(wǒ)

3. 有(yǒu)　个(ge)　李先生(Lǐ xiānsheng)　几(jǐ)　子女(zǐnǚ)

4. 口(kǒu)　几(jǐ)　你(nǐ)　人(rén)　家(jiā)　有(yǒu)

VI. 译一译 Translate the Following into Chinese

1. A: How many people are there in your family?

   B: Five people.

   A: Who are they?

   B: They are my father, mother, and 2 younger sisters.

   A: How old is your first younger sister?

   B: She is 13.

   A: And second younger sister?

   B: She is 9.

2. A: How many siblings do you have?

   B: I have 2 elder brothers and 1 younger sister.

   A: Are you the third child?

   B: Yes.

   A: where does your first elder brother live?

   B: He lives in Boston.

VII. 交际任务 Communicative Tasks

1. Introduce your family members at a party.

2. Tell how many people there are in your family and who they are.

3. Tell names of all your family members and how they are doing.

4. Mock interview: student is interviewed one at a time and all questions asked during the interview must be family related, such as how many people are there in the interviewee's family, who the family members are, what their names are and what country, city they live and work, etc.

5. Ask your roommate/business partner/colleague about his/her family.

6. You met one of your old friends whom you hadn't seen for 20 years. You ask about his/her siblings and his/her family members.

7. Tell your friends about your twin sister/brother and her/his spouse and children.

8. You have a chance to visit a Chinese family when you are working in Beijing. During the visit, you ask questions about their family members.

9. Language game: ask your conversational partner in class about his/her family and guess the number of people in his/her family, who they are, what their names are, where they live and work, etc. For example, 1) Do you have 5 (6 or 8) people in your family? Keeping asking different family related questions based on your guessing until your guess is right.

10. Make a one-minute short speech/presentation about your family using the first person singular form, and then appoint one of your classmates to reproduce what you have just said using the third person singular form.

Lesson 9   Where Do You Work?
第九课   你在哪儿工作?

Teaching Points

1. 疑问词——哪儿
   Question word—Where
2. 存在句式——在
   Sentence of existence—zai
3. 疑问词——什么
   Question word—Where

功能交际句型
Functional & Communicative Frames

1. A: Nǐ zài nǎr/nǎli gōngzuò?
   B: Wǒ zài Nàikè Gōngsī gōngzuò.

1. A: 你在哪儿/哪里工作?
   B: 我在耐克公司工作。

2. A: Nǐ tàitai yě zài Nàikè Gōngsī
      gōngzuò ma?
   B: Bù, tā zài yínháng gōngzuò.

2. A: 你太太也在耐克公司工作吗?
   B: 不,她在银行工作。

3. A: Nǐ zuò shénme gōngzuò?
   B: Wǒ shì bùmén jīnglǐ.

3. A: 你做什么工作?
   B: 我是部门经理。

4. A: Nǐ zài shénme bùmén gōngzuò?
   B: Wǒ zài rénshìbù gōngzuò.

4. A: 你在什么部门工作?
   B: 我在人事部工作。

第九课　你在哪儿工作？

交际转换扩展
Communicative Transformation and Build-ups

1. A: Nǐ zài nǎr/nǎli gōngzuò?

   你在哪儿/哪里工作？

   B: Wǒ zài Nàikè Gōngsī gōngzuò.

   我在耐克公司工作。

Ādídásī Gōngsī	阿迪达斯公司
Yīngtè'ěr Gōngsī	英特尔公司
Huìpǔ Gōngsī	惠普公司
Suǒní Gōngsī	索尼公司
màoyì gōngsī	贸易公司
jìnchūkǒu gōngsī	进出口公司
yùnshū gōngsī	运输公司

2. A: Nǐ tàitai yě zài Nàikè Gōngsī gōngzuò ma?

   你太太也在耐克公司工作吗？

   B: Bù, tā zài yínháng gōngzuò.

   不，她在银行工作。

xuéxiào	学校
dàxué	大学
xiǎoxué	小学
zhōngxué	中学
yīyuàn	医院
zhèngfǔ	政府
yóujú	邮局
shāngdiàn	商店
fànguǎn	饭馆

3. A: Nǐ zài shénme bùmén gōngzuò?

   你在什么部门工作？

   B: Wǒ zài rénshìbù gōngzuò.

   我在人事部工作。

kēyánbù	科研部
gōngguānbù	公关部
cáikuàibù	财会部
xíngzhèngbù	行政部
xìnxībù	信息部
yíngyùnbù	营运部

EEC中文快易通 1

4. A: Nǐ zuò shénme gōngzuò?

你做什么工作？

B: Wǒ shì bùmén jīnglǐ.

我是部门经理。

zhǔrèn	主任	gōngchéngshī	工程师
xíngzhèng zhǔguǎn	行政主管	kuàijìshī	会计师
bùmén zhǔguǎn	部门主管	zhíyuán	职员
cáiwù zhǔguǎn	财务主管	gùwèn	顾问
xìnxī zhǔguǎn	信息主管	gǔpiào dàilǐ	股票代理
yíngyùn zhǔguǎn	营运主管	yèwùyuán	业务员
zǒngjīnglǐ	总经理	cǎigòuyuán	采购员
zǒngcái	总裁	cāitīng fúwùyuán	餐厅服务员
dǒngshìzhǎng	董事长	chúshī	厨师
jiàoshī/jiàoshòu	教师/教授	yǎnyuán	演员
xuéshēng	学生	gēchàngjiā	歌唱家
yīshēng	医生	guǎngbōyuán	广播员
hùshi	护士	diànshì jiémù zhǔchírén	电视节目主持人
lǜshī	律师		

生词
NEW WORDS

gōngzuò	工作	（动，名）	to work; occupation
gōngsī	公司	（名）	company
Ādídásī Gōngsī	阿迪达斯公司	（专名）	Adidas Corporation
Yīngtè'ěr Gōngsī	英特尔公司	（专名）	Intel Corporation
Huìpǔ Gōngsī	惠普公司	（专名）	HP Corporation
Suǒní Gōngsī	索尼公司	（专名）	Sony Corporation
màoyì gōngsī	贸易公司	（名）	trade company
jìnchūkǒu gōngsī	进出口公司	（名）	imports & exports company
yùnshū gōngsī	运输公司	（名）	transportation company
xuéxiào	学校	（名）	school
dàxué	大学	（名）	university
xuéyuàn	学院	（名）	college

第九课 你在哪儿工作？

xiǎoxué	小学	（名）	elementary school
zhōngxué	中学	（名）	middle school
yīyuàn	医院	（名）	hospital
zhèngfǔ	政府	（名）	government
yóujú	邮局	（名）	post office
shāngdiàn	商店	（名）	store
fànguǎn	饭馆	（名）	restaurant
zuò	做	（动）	to do
bùmén	部门	（名）	department
rénshìbù	人事部	（名）	human resource department
kēyánbù	科研部	（名）	research department
gōngguānbù	公关部	（名）	communication dept.
cáikuàibù	财会部	（名）	casher dept.
xíngzhèngbù	行政部	（名）	add ministration dept.
xìnxībù	信息部	（名）	information dept.
yíngyùnbù	营运部	（名）	operation dept.
zhǔrèn	主任	（名）	director
zhǔguǎn	主管	（名）	CEO
zǒngjīnglǐ	总经理	（名）	general manager
zǒngcái	总裁	（名）	president (of a company)
dǒngshìzhǎng	董事长	（名）	director of a board
jiàoshī	教师	（名）	teacher
jiàoshòu	教授	（名）	professor
xuéshēng	学生	（名）	student
yīshēng	医生	（名）	doctor
hùshi	护士	（名）	nurse
lǜshī	律师	（名）	lower; attorney
gōngchéngshī	工程师	（名）	engineer
kuàijìshī	会计师	（名）	accountant
zhíyuán	职员	（名）	clerk
gùwèn	顾问	（名）	consultant
gǔpiào dàilǐ	股票代理		stock agent
yèwùyuán	业务员	（名）	business person

cǎigòuyuán	采购员	（名）	purchaser
lǚyóu dàilǐ	旅游代理		travel agent
cāitīng fúwùyuán	餐厅服务员		restaurant waiter/waitress
chúshī	厨师	（名）	chef
yǎnyuán	演员	（名）	performer
gēchàngjiā	歌唱家	（名）	singer
guǎngbōyuán	广播员	（名）	broadcaster
diànshì jiémù zhǔchírén	电视节目 主持人		TV anchor person
gōngrén	工人	（名）	worker

立竿见影
INSTANT AND EFFECTIVE PRACTICE

I. 短平快式交际会话 Short, Easy and Fast Dialogues

1. A: Qǐngwèn, nǐ zài nǎr gōngzuò? / 请问,你在哪儿工作?

   B: Wǒ zài yì jiā yínháng gōngzuò. / 我在一家银行工作。

   A: Nǐ zuò shénme gōngzuò? / 你做什么工作?

   B: Wǒ shì bùmén jīnglǐ. / 我是部门经理。

   A: Nǐ zài shénme bùmén gōngzuò? / 你在什么部门工作?

   B: Wǒ zài rénshìbù gōngzuò. / 我在人事部工作。

2. A: Nǐ tàitai zài yínháng gōngzuò ma? / 你太太在银行工作吗?

   B: Duì. / 对。

   A: Nǎ jiā yínháng? / 哪家银行?

   B: Zài Měizhōu Yínháng. / 在美洲银行。

   A: Tā zuò shénme gōngzuò? / 她做什么工作?

   B: Tā shì cáiwù zhǔguǎn. / 她是财务主管。

3. A: Nǐ zài nǎr gōngzuò? / 你在哪儿工作？

   B: Wǒ zài yì jiā jìnchūkǒu gōngsī gōngzuò. / 我在一家进出口公司工作。

   A: Nǐmen gōngsī yǒu duōshao rén? / 你们公司有多少人？

   B: Jiǔshí duō rén. / 九十多人。

   A: Nǐmen de zǒngjīnglǐ jiào shénme? / 你们的总经理叫什么？

   B: Tā jiào Wáng Shàolín. / 他叫王绍林。

   A: Tā shì wǒ tóngxiāng. / 他是我同乡。

4. A: Nǐ zuò shénme gōngzuò? / 你做什么工作？

   B: Wǒ shì jiàoshī. / 我是教师。

   A: Nǐ zài dàxué gōngzuò ma? / 你在大学工作吗？

   B: Duì. / 对。

   A: Nǐ zài nǎ ge dàxué gōngzuò? / 你在哪个大学工作？

   B: Zài Běijīng Dàxué. / 在北京大学。

II. 配对游戏 Match Game

1. yīyuàn / 医院　　　　　a) store
2. gōngsī / 公司　　　　　b) doctor
3. gōngzuò / 工作　　　　c) lawyer
4. zuò / 做　　　　　　　d) to do
5. zhǔguǎn / 主管　　　　e) to work
6. dǒngshìzhǎng / 董事长　f) hospital
7. yīshēng / 医生　　　　g) company
8. lǜshī / 律师　　　　　h) CEO
9. zhǔrèn / 主任　　　　i) director of a board
10. shāngdiàn / 商店　　　j) director

III. 交际互动 | Communicative Exchange

1. A: _____
   B: Wǒ zài yì jiā yīyuàn gōngzuò.
      我在一家医院工作。
   A: Nǐ zuò shénme gōngzuò?
      你做什么工作？
   B: _____

2. A: Nǐ zuò shénme gōngzuò?
      你做什么工作？
   B: _____
   A: Nǐ zài dàxué gōngzuò ma?
      你在大学工作吗？
   B: _____
   A: Nǐ zài nǎ ge dàxué gōngzuò?
      你在哪个大学工作？
   B: _____

3. A: Nǐ zài nǎr gōngzuò?
      你在哪儿工作？
   B: _____
   A: Nǐmen gōngsī yǒu duōshao rén?
      你们公司有多少人？
   B: _____
   A: _____
   B: Tā jiào Wáng Lì.
      她叫王丽。
   A: _____
   B: Duì.
      对。
   B: _____

4. A: Nǐ tàitai zài yínháng gōngzuò ma?
      你太太在银行工作吗？
   B: _____

A: Zài Měizhōu Yínháng háishì Měiguó Yínháng?

在美洲银行还是美国银行?

B: _____

IV. 想一想,填一填　Fill in the Blanks with Proper Words

1. Nǐ (　　　　) nǎr gōngzuò?

你(　　　　)哪儿工作?

2. Nǐ shì (　　　　) cǎiwù zhǔguǎn?

你是(　　　　)财务主管?

3. Nǐ (　　　) shénme gōngzuò?

你(　　　　)什么工作?

4. Nǐ mèimei zài nǎ (　　　　) fàndiàn gōngzuò?

你妹妹在哪(　　　　)饭店工作?

5. Tā shì Nàikè Gōngsī xíngzhèngbù de (　　　　).

他是耐克公司行政部的(　　　　)。

6. Shéi shì nǐmen gōngsī de (　　　　)?

谁是你们公司的(　　　　)?

V. 组词成句　Make Sentences with the Given Words

1. 家(jiā)　工作(gōngzuò)　哪(nǎ)　银行(yínháng)　你(nǐ)　在(zài)

2. 妈妈(māma)　什么(shénme)　做(zuò)　工作(gōngzuò)　你(nǐ)

3. 同屋(tóngwū)　部门(bùmén)　经理(jīnglǐ)　我(wǒ)　是(shì)

4. 爸爸(bàba)　惠普公司(Huìpǔ Gōngsī)　我(wǒ)　是(shì)　老板(lǎobǎn)　的(de)

VI. 译一译　Translate the Following into Chinese

1. A: Where do your work?

B: I work in a university.

A: what do you do in the university?

B: I am an instructor.

A: What do you teach?

B: Chinese language.

A: How many students do you have?

B: 89 students.

2. A: Does your father work in a bank?

B: Yes.

A: What department does he work?

B: At the information department.

A: What does he do?

B: He is CIO.

A: Do you work in that bank?

B: No. I work in U.S. Bank.

VII. 交际任务 Communicative Tasks

1. Ask someone what job he does and what position he holds at her work place.

2. At a new employee orientation, you introduce your company's managerial personnel one by one, including, but not limited to who he is, what he does, in which department he works, etc.

3. You are just offered a new job/position. You call your parents and tell them about your new job/position and describe to them your company, your department, your supervisor and your newly offered position, etc.

4. At a party, you met a friend of yours whom you have not seen for 20 year. You two start your conversation by asking each other's job and work locations.

5. Your friend's sister comes to visit your company. You are her guide. You tell her about your company and department while ask her about her job.

6. Introduce yourself, your company and your position at a formal business setting.

7. Introduce your business associate by his/her name, company and business title/position.

8. Role-play: At a business meeting, you introduce yourself to your business partner whom you met for the first time by telling him/her your name, nationality, business affiliate, business positions and titles, etc. and then your business partner will then give the same information about himself.

9. Tell what job/position you'd like to hold and where and what company you'd like to work for, etc.

10. Introduce your family members, friends and as many people as you know about their employment, position titles, the kind of work they do, where their work places are located, the names of their companies and departments in which they work, etc.

UNIT TWO SUMMARY

 ASK

 ANSWER

Tā shì shéi?	Tā shì wǒ (de) bàba.
Tā shì nǐ bàba ma?	Bú shì, tā shì wǒ lǎoshī.
Nǐ shì Wáng zhǔrèn ma?	Duì. wǒ shì Wáng Lì.
Nǐ shì nǎ guó rén?	Wǒ shì Zhōngguórén.
Nǐ huì bu huì shuō Yīngyǔ?	Wǒ huì shuō yìdiǎnr.
Nǐ shì Zhōngguórén háishì Rìběnrén?	Wǒ yě shì Zhōngguórén.
Nǐ zhù zài nǎr/nǎli?	Wǒ zhù zài Měiguó.
Nǐ zhù zài Měiguó shénme dìfang?	Wǒ zhù zài Měiguó Niǔyuē Shì.
Nǐ zhù zài fùmǔ jiā ma?	Bù, wǒ zhù zài gōngyù.
Nǐ jiā yǒu jǐ kǒu rén?	Wǒ jiā yǒu wǔ kǒu rén.
Tāmen shì shéi?	Tāmen shì wǒ tàitai, sān ge háizi hé wǒ.
Nǐ fùmǔ yǒu jǐ ge zǐnǚ?	Wǒ fùmǔ yǒu sān ge zǐnǚ.
Nǐ zài nǎr gōngzuò?	Wǒ zài Nàikè Gōngsī gōngzuò.
Nǐ zuò shénme gōngzuò?	Wǒ shì bùmén jīnglǐ.
Nǐ zài shénme bùmén gōngzuò?	Wǒ zài rénshìbù gōngzuò.

UNIT THREE   TRAVELING
第三单元　旅行篇

Lesson 10 Where Do You Go for Travel?
第十课　你去哪儿旅行?

Teaching Points

1. 疑问词——哪个
   Question word—which
2. 动词——去
   Verb—go
3. 量词——个
   Measure word—ge

功能交际句型
Functional & Communicative Frames

1. A: Nǐ qù nǎr lǚxíng?
   B: Wǒ qù Yàzhōu lǚxíng.

1. A: 你去哪儿旅行?
   B: 我去亚洲旅行。

2. A: Nǐ qù Yàzhōu nǎ ge guójiā lǚxíng?
   B: Wǒ qù Zhōngguó lǚxíng.

2. A: 你去亚洲哪个国家旅行?
   B: 我去中国旅行。

3. A: Nǐ qù Zhōngguó shénme dìfang lǚxíng?
   B: Wǒ qù Zhōngguó Shànghǎi lǚxíng.

3. A: 你去中国什么地方旅行?
   B: 我去中国上海旅行。

4. A: Nǐ hái qù Zhōngguó biéde chéng-shì ma?
   B: Duì, wǒ hái xiǎng dào Xī'ān kànkan.

4. A: 你还去中国别的城市吗?
   B: 对,我还想到西安看看。

交际转换扩展
Communicative Transformation and Build-ups

1. A: Nǐ qù nǎr lǚxíng?

   你去哪儿旅行？

   B: Wǒ qù Yàzhōu lǚxíng.

   我去亚洲旅行。

Ōuzhōu	欧洲
Měizhōu	美洲
Běi Měizhōu	北美洲
Nán Měizhōu	南美洲
Lādīng Měizhōu	拉丁美洲
Fēizhōu	非洲
Dàyángzhōu	大洋洲

2. A: Nǐ qù Yàzhōu nǎ ge guójiā lǚxíng?

   你去亚洲哪个国家旅行？

   B: Wǒ qù Zhōngguó lǚxíng.

   我去中国旅行。

Rìběn	日本
Hánguó	韩国
Xīnjiāpō	新加坡
Mǎláixīyà	马来西亚
Tàiguó	泰国
Yuènán	越南
Miǎndiàn	缅甸
Lǎowō	老挝
Yìndùníxīyà	印度尼西亚

3. A: Nǐ qù Zhōngguó shénme dìfang lǚxíng?

   你去中国什么地方旅行？

   B: Wǒ qù Zhōngguó Shànghǎi lǚxíng.

   我去中国上海旅行。

Běijīng	北京
Chóngqìng	重庆
Dàlián	大连
Guǎngzhōu	广州
Kūnmíng	昆明
Hā'ěrbīn	哈尔滨
Hángzhōu	杭州
Lāsà	拉萨
Qīngdǎo	青岛
Shēnzhèn	深圳
Sūzhōu	苏州
Xī'ān	西安
Xiānggǎng	香港
Àomén	澳门

4. A: Nǐ hái qù Zhōngguó biéde chéngshì ma?

   你还去中国别的城市吗？

   B: Duì, wǒ hái xiǎng dào Xī'ān kànkan.

   对，我还想到西安看看。

Guìyáng	贵阳	Wēnzhōu	温州
Guìlín	桂林	Hūhéhàotè	呼和浩特
Lánzhōu	兰州	Wūlǔmùqí	乌鲁木齐
Zhèngzhōu	郑州		

生词 NEW WORDS	qù	去	(动)	to go
	lǚxíng	旅行	(动)	traveling; to travel
	hái	还	(副)	also; still
	duì	对	(形)	correct; right
	yào	要	(动)	to want to; need
	kàn	看	(动)	to look; to watch
	kànkan	看看	(动)	to take a look
	zhōu	洲	(名)	continent
	Ōuzhōu	欧洲	(专名)	Europe
	Měizhōu	美洲	(专名)	America (continent)
	Běi Měizhōu	北美洲	(专名)	North America
	Nán Měizhōu	南美洲	(专名)	South America
	Lādīng Měizhōu	拉丁美洲	(专名)	Latin America
	Fēizhōu	非洲	(专名)	Africa
	Dàyángzhōu	大洋洲	(专名)	Oceania
	Rìběn	日本	(专名)	Japan
	Hánguó	韩国	(专名)	Korea
	Xīnjiāpō	新加坡	(专名)	Singapore
	Mǎláixīyà	马来西亚	(专名)	Malaysia
	Tàiguó	泰国	(专名)	Thailand
	Yuènán	越南	(专名)	Vietnam
	Miǎndiàn	缅甸	(专名)	Burma
	Lǎowō	老挝	(专名)	Laos
	Yìndùníxīyà	印度尼西亚	(专名)	Indonesia
	Běijīng	北京	(专名)	Beijing
	Chóngqìng	重庆	(专名)	a city of China
	Dàlián	大连	(专名)	a city of China
	Guǎngzhōu	广州	(专名)	a city of China
	Kūnmíng	昆明	(专名)	a city of China
	Hā'ěrbīn	哈尔滨	(专名)	a city of China
	Hángzhōu	杭州	(专名)	a city of China
	Lāsà	拉萨	(专名)	a city of China
	Qīngdǎo	青岛	(专名)	a city of China

第十课　你去哪儿旅行？

Shēnzhèn	深圳	（专名）	a city of China
Sūzhōu	苏州	（专名）	a city of China
Xī'ān	西安	（专名）	a city of China
Xiānggǎng	香港	（专名）	a city of China
Guìyáng	贵阳	（专名）	a city of China
Guìlín	桂林	（专名）	a city of China
Lánzhōu	兰州	（专名）	a city of China
Zhèngzhōu	郑州	（专名）	a city of China
Wēnzhōu	温州	（专名）	a city of China
Hūhéhàotè	呼和浩特	（专名）	a city of China
Wūlǔmùqí	乌鲁木齐	（专名）	a city of China

立竿见影
INSTANT AND EFFECTIVE PRACTICE

I. 短平快式交际会话 Short, Easy and Fast Dialogues

1. A: Nǐ qù nǎr lǚxíng? / 你去哪儿旅行？

   B: Wǒ xiǎng qù Zhōngguó kànkan. / 我想去中国看看。

   A: Nǐ xiǎng qù Zhōngguó shénme dìfang? / 你想去中国什么地方？

   B: Wǒ xiǎng qù Lāsà. / 我想去拉萨。

   A: Wèi shénme qù Lāsà? / 为什么去拉萨？

   B: Wǒ tīngshuō Lāsà hěn piàoliang. / 我听说拉萨很漂亮。

2. A: Nǐ xiǎng qù Yàzhōu lǚxíng ma? / 你想去亚洲旅行吗？

   B: Duì. Nǐ ne? / 对。你呢？

   A: Wǒ yě xiǎng qù. / 我也想去。

   B: Nǐ qù Yàzhōu nǎ ge guójiā? / 你去亚洲哪个国家？

   A: Wǒ xiǎng qù Rìběn, Tàiguó hé Hánguó. / 我想去日本、泰国和韩国。

   B: Wèi shénme bú qù Yuènán? / 为什么不去越南？

   A: Wǒ qùnián qùguo le. / 我去年去过了。

119

3. A: Jīnnián nǐ xiǎng qù lǔxíng ma? / 今年你想去旅行吗？

   B: Wǒ xiǎng qù. / 我想去。

   A: Nǐ xiǎng qù Ōuzhōu háishì Àozhōu? / 你想去欧洲还是澳洲？

   B: Qù Ōuzhōu. / 去欧洲。

   A: Ōuzhōu shénme dìfang? / 欧洲什么地方？

   B: Luómǎ hé Bālí. / 罗马和巴黎。

   A: Tài hǎo le. Wǒ yě xiǎng qù. / 太好了。我也想去。

   B: Wǒmen yìqǐ qù ba. / 我们一起去吧。

   A: Hǎo de. / 好的。

4. A: Míngnián nǐ qù Zhōngguó lǔxíng ma? / 明年你去中国旅行吗？

   B: Duì. Nǐ qù ma? / 对。你去吗？

   A: Wǒ hěn xiǎng qù. Dàn bù zhīdao shénme dìfang zuì hǎo.

   我很想去。但不知道什么地方最好。

   B: Wǒ kàn, Běijīng zuì hǎo. / 我看，北京最好。

   A: Nà wǒ jiù qù Běijīng ba. / 那我就去北京吧。

II. 配对游戏 Match Game

1. lǔxíng / 旅行   a) America

2. kàn / 看   b) also

3. yào / 要   c) Korea

4. qù / 去   d) to look

5. Rìběn / 日本   e) Europe

6. hái / 还   f) Myanmar

7. Ōuzhōu / 欧洲   g) to want

8. Miǎndiàn / 缅甸   h) to travel

9. Hánguó / 韩国   i) Japan

10. Měizhōu / 美洲   j) to go

III. 交际互动　Communicative Exchange

1. A: Nǐ xiǎng qù Yàzhōu lǚxíng ma?
      你想去亚洲旅行吗?

   B: _____

   A: Wǒ yě xiǎng qù.
      我也想去。

   B: Nǐ qù Yàzhōu nǎ ge guójiā?
      你去亚洲哪个国家?

   A: _____

   B: Wèi shénme bú qù Rìběn?
      为什么不去日本?

   A: _____

2. A: _____

   B: Duì. Nǐ qù ma?
      对。你去吗?

   A: _____

   B: Wǒ kàn, Qīngdǎo zuì hǎo.
      我看,青岛最好。

   A: _____

3. A: Nǐ qù nǎr lǚxíng?
      你去哪儿旅行?

   B: _____

   A: Nǐ xiǎng qù Zhōngguó shénme chéngshì?
      你想去中国什么城市?

   B: _____

   A: Wèi shénme qù Shànghǎi?
      为什么去上海?

   B: _____

4. A: Nǐ xiǎng qù lǚxíng ma?
      你想去旅行吗?

   B: _____

   A: Nǐ xiǎng qù Xiānggǎng háishì Àomén?
      你想去香港还是澳门?

B: _____

A: Shénme dìfang?
什么地方？

B: _____

A: Tài hǎo le. Wǒ yě xiǎng qù.
太好了。我也想去。

B: _____

A: Hǎo de.
好的。

1. Nǐ xiǎng qù Zhōngguó (   ) chéngshì?
   你想去中国(   )城市？

2. Nǐ (   ) qù Zhōngguó lǚxíng?
   你(   )去中国旅行？

3. Wǒ xiǎng qù Xī'ān (   ), wǒ dìdi xiǎng qù Guìlín.
   我想去西安(   ),我弟弟想去桂林。

4. Nǐ qù Yàzhōu nǎ (   ) guójiā?
   你去亚洲哪(   )国家？

5. Wǒ bù xiǎng (   ) Běijīng, xiǎng qù Shànghǎi.
   我不想(   )北京,想去上海。

6. Nǐ xiǎng qù Xiānggǎng (   ) Àomén?
   你想去香港(   )澳门？

1. 去(qù) 旅行(lǚxíng) 你(nǐ) 哪儿(nǎr)

2. 什么(shénme) 你(nǐ) 上海(Shànghǎi) 地方(dìfang) 去(qù)

3. 还是(háishì) 亚洲(Yàzhōu) 美洲(Měizhōu) 去(qù) 你(nǐ)

4. 哪(nǎ) 国家(guójiā) 旅行(lǚxíng) 个(ge) 去(qù) 想(xiǎng)
   你(nǐ) 明年(míngnián)

VI. 译一译 Translate the Following into Chinese

1. A: Are you going to go to Europe to travel?

   B: Yes. And you?

   A: I also want to go. Which country do you go?

   B: Italy.

   A: Why Italy?

   B: My younger sister lives there.

2. A: Where do you go to travel?

   B: I want to go to China.

   A: What places do you go?

   B: I go to Beijing.

   A: Any other places?

   B: I also want to go to Suzhou.

   A: I also want to travel in Suzhou.

   B: Let's go together.

   A: Great.

VII. 交际任务 Communicative Tasks

1. Summer is coming. Ask your friend/classmate/roommate where they plan to travel.

2. You are studying in a university. Ask your Chinese friends what part(s) of China they plan to travel.

3. Discuss with your co-workers about where to travel during the spring break.

4. You and your friends want to travel in China. You are having dinner at your home to discuss about your detailed travel plans. Converse with your friends to reflect the content of your discussion.

5. You and your family will travel in Europe. You are talking about where to go.

6. State that your colleague is going to a certain country for a business trip, tell what country/state or province/city s/he is going.

7. Tell everyone you know about his/her nationality and the part of the country s/he is from.

8. Language relay game/race: the first student tells what country, province/state and city s/he is from; the second student retells the first student's account and his/ her own. Keep going and going and the last student has to tell where everyone is from plus his/her own.

9. Language relay game: one student starts with a name of a continent/country/re- gion/province/city and next student continues with another name of a conti- nent/region/country/province/city, etc. and see how many names of places you can go. If one repeats what has already been said, s/he will have to summarize all the names of places mentioned in the game.

10. State as many names of continent/country/region/province/city as possible and tell where you'd like to travel and why.

Lesson 11　When Do You Go to Travel?
第十一课　你什么时候去旅行?

```
          Teaching Points
教
学        1. 疑问词——多久
提           Question word—how long
示        2. 疑问词——什么时候
            Question word—when
          3. 时间表达法
            Time expressions
```

功能交际句型
Functional & Communicative Frames

1. A: Nǐ shénme shíhou qù lǚxíng?

   B: Wǒ míngnián qù lǚxíng.

1. A: 你什么时候去旅行?

   B: 我明年去旅行。

2. A: Nǐ dǎsuan jǐ yuèfèn qù?

   B: Wǒ dǎsuan liùyuè zhōngxún qù.

2. A: 你打算几月份去?

   B: 我打算六月中旬去。

3. A: Nǐ dǎsuan qù duōjiǔ?

   B: Wǒ dǎsuan qù liǎng ge xīngqī.

3. A: 你打算去多久?

   B: 我打算去两个星期。

交际转换扩展
Communicative Transformation and Build-ups

1. A: Nǐ shénme shíhou qù lǚxíng?

   你什么时候去旅行?

   B: Wǒ míngnián qù lǚxíng.

   我明年去旅行。

niánchū	年初	míngtiān	明天
niándǐ	年底	hòunián	后年
liùyuè	六月	chūnjì/chūntiān	春季/春天
xià ge yuè	下个月	xiàjì/xiàtiān	夏季/夏天
sān ge yuè hòu	三个月后	qiūjì/qiūtiān	秋季/秋天
xià ge xīngqī	下个星期	dōngjì/dōngtiān	冬季/冬天

2. A: Nǐ dǎsuan jǐ yuèfèn qù?

   你打算几月份去?

   B: Wǒ dǎsauan liùyuè zhōngxún qù.

   我打算六月中旬去。

shàngxún	上旬
zhōngxún	中旬
xiàxún	下旬
yuèchū	月初
yuèdǐ	月底
yuèmò	月末

3. A: Nǐ dǎsuan qù duōjiǔ?

   你打算去多久?

   B: Wǒ dǎsuan qù liǎng ge xīngqī.

   我打算去两个星期。

yí ge yuè	一个月
sān sì ge xīngqī	三四个星期
shí lái tiān	十来天
shí duō tiān	十多天
bàn ge yuè	半个月
yí ge bàn yuè	一个半月
bàn nián	半年

生词 NEW WORDS

shíhou	时候	(名)	a curtain point of time
dǎsuan	打算	(动)	to plan
xún	旬	(名)	ten days of the month
shàngxún	上旬	(名)	the first ten days of a month
zhōngxún	中旬	(名)	the second ten days of a month
xiàxún	下旬	(名)	the last ten days of a month
chū	初	(名)	the beginning
dǐ	底	(名)	the end
mò	末	(名)	the end
bàn	半	(名)	half
yí ge bàn	一个半		one and a half
bàn nián	半年		half year
yuèchū	月初	(名)	the beginning of a month
yuèdǐ	月底	(名)	the end of a month
niánchū	年初	(名)	the beginning of a year
niándǐ	年底	(名)	the end of a year
hòunián	后年	(名)	the year after next

第十一课　你什么时候去旅行？

hòu	后	（名）	after; next
liùyuè	六月	（名）	June
xià ge yuè	下个月		next month
sān ge yuè hòu	三个月后		after three months
xià ge xīngqī	下个星期		next week
xià	下	（名）	next
shí lái tiān	十来天	（名）	about ten days
chūnjì/chūntiān	春季/春天	（名）	spring
xiàjì/xiàtiān	夏季/夏天	（名）	summer
qiūjì/qiūtiān	秋季/秋天	（名）	autumn; fall
dōngjì/dōngtiān	冬季/冬天	（名）	winter

立竿见影

INSTANT AND EFFECTIVE PRACTICE

I. 短平快式交际会话　Short, Easy and Fast Dialogues

1. A: Nǐ shénme shíhou qù lǚxíng? / 你什么时候去旅行？

   B: Míngnián xiàtiān. / 明年夏天。

   A: Míngnián xiàtiān jǐ yuèfèn? / 明年夏天几月份？

   B: Liùyuè xiàxún. / 六月下旬。

   A: Qù nǎr lǚxíng? / 去哪儿旅行？

   B: Qù Guìlín. / 去桂林。

   A: Qù duōjiǔ? / 去多久？

   B: Sān ge xīngqī. / 三个星期。

2. A: Nǐ niánchū háishì niándǐ qù lǚxíng? / 你年初还是年底去旅行？

   B: Bù zhīdao. Nǐ ne? / 不知道。你呢？

   A: Wǒ niándǐ qù. / 我年底去。

   B: Niándǐ jǐ yuè? / 年底几月？

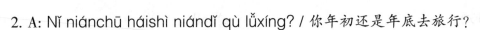

A: 11 yuè. / 11 月。

B: Jǐ hào? / 几号？

A: 15 hào. / 15 号。

3. A: Míngnián nǐ dǎsuan qù nǎr lǚxíng? / 明年你打算去哪儿旅行？

   B: Wǒ xiǎng qù Běijīng. / 我想去北京。

   A: Shénme shíhou qù? / 什么时候去？

   B: Míngnián chūnjì. / 明年春季。

   A: Nǐ dǎsuan qù jǐ tiān? / 你打算去几天？

   B: Qù 10 tiān. / 去 10 天。

4. A: Shénme shíhou qù Shànghǎi lǚxíng zuì hǎo?

   什么时候去上海旅行最好？

   B: Wǒ kàn, chūntiān zuì hǎo. / 我看，春天最好。

   A: Nǐ dǎsuan jǐ yuèfèn qù? / 你打算几月份去？

   B: Wǒ dǎsuan wǔ yuèfèn qù. / 我打算五月份去。

   A: Nǐ dǎsuan qù duōjiǔ? / 你打算去多久？

   B: Yí ge bàn yuè. / 一个半月。

II. 配对游戏　Match Game

1. niánchū / 年初   a) next week

2. bàn / 半   b) winter

3. dǎsuan / 打算   c) about 10 days

4. shénme shíhou / 什么时候   d) the year after next

5. shàngxún / 上旬   e) the beginning of a year

6. qiūtiān / 秋天   f) half

7. dōngjì / 冬季   g) fall

8. hòunián / 后年   h) to plan

9. xià ge xīngqī / 下个星期   i) when

10. shí lái tiān / 十来天   j) the first 10 days of a month

III. 交际互动　Communicative Exchange

1. A: Nǐ shénme shíhou qù lǚxíng?
   你什么时候去旅行？
   B: _____
   A: Míngnián jǐ yuèfèn?
   明年几月份？
   B: _____
   A: Qù nǎr lǚxíng?
   去哪儿旅行？
   B: _____
   A: Qù duōjiǔ?
   去多久？
   B: _____

2. A: Míngnián nǐ dǎsuan qù nǎr lǚxíng?
   明年你打算去哪儿旅行？
   B: _____
   A: Shénme shíhou qù?
   什么时候去？
   B: _____
   A: Nǐ dǎsuan qù jǐ tiān?
   你打算去几天？
   B: _____

3. A: Nǐ niánchū háishì niándǐ qù lǚxíng?
   你年初还是年底去旅行？
   B: _____
   A: Wǒ niándǐ.
   我年底。
   B: Niándǐ jǐ yuè?
   年底几月？
   A: _____
   B: Qù duōjiǔ?
   去多久？
   B: _____

4. A: Nǐ xiǎng qù lǚxíng ma?
   你想去旅行吗?

   B: _____

   A: Nǐ xiǎng qù Běijīng háishì Shànghǎi?
   你想去北京还是上海?

   B: _____

   A: Shénme dìfang?
   什么地方?

   B: _____

   A: Tài hǎo le. Wǒ yě xiǎng qù.
   太好了。我也想去。

   B: _____

   A: Hǎo de.
   好的。

IV. 想一想,填一填　Fill in the Blanks with Proper Words

1. Wǒ dǎsuan wǔ (　　　) qù lǚxíng.
   我打算五(　　　)去旅行。

2. Míngnián sì yuèfèn wǒ hé wǒ jiějie qù Rìběn (　　　).
   明年四月份我和我姐姐去日本(　　　)。

3. Míngnián nǐ dǎsuan qù (　　　) lǚxíng?
   明年你打算去(　　　)旅行?

4. Nǐ niánchū háishì (　　　) qù lǚxíng?
   你年初还是(　　　)去旅行?

5. Wǒ bù xiǎng (　　　) Běijīng, xiǎng qù Shànghǎi.
   我不想(　　　)北京,想去上海。

6. Nǐ xiǎng qù Xiānggǎng (　　　) duōjiǔ?
   你想去香港(　　　)多久?

V. 组词成句　Make Sentences with the Given Words

1. 多久(duō jiǔ)　旅行(lǚxíng)　你(nǐ)　打算(dǎsuan)

2. 你们(nǐmen)　去(qù)　韩国(Hánguó)　什么(shénme)　时候(shíhou)

3. 去(qù)　打算(dǎsuan)　朋友(péngyou)　的(de)　一个半月(yí ge bàn yuè)　我(wǒ)

4. 六(liù)　月份(yuèfèn)　我(wǒ)　明年(míngnián)　哥哥(gēge)　去(qù)　越南(Yuènán)

VI. 译一译 Translate the Following into Chinese

1. A: Do you go to Japan for traveling?

   B: Yes.

   A: When do you leave?

   B: Next month.

   A: Do you leave on Saturday?

   B: No, I will leave on Sunday.

   A: How long will you be there?

   B: Two weeks.

2. A: When do you go to China?

   B: In three weeks. Where are you going?

   A: I will go to Europe.

   B: Which country?

   A: France.

   B: Which city?

   A: Paris.

   B: How long do you travel?

   A: A week.

VII. 交际任务 Communicative Tasks

1. Your friend is going to take a business trip to China. You ask him when he leaves, what parts of China he is going and how long he will stay in China.

2. You and your roommate have decided to travel together in China. You are discussing about potential travel-related questions, such as when to leave, when to come back, and what places to visit.

3. You will visit 5 cities in China. The trip will last 16 days. You are consulting with your Chinese friends how long you should stay in each city, and from what date to what day.

4. You call a travel agent and tell them about your travel plan, including when you want to leave, which country you plan to visit, what parts of that country you plan to go and how long you will travel there.

5. You have been to Thailand more than 10 times. You are telling your co-workers about what cities are worth visiting and what season of a year is best to visit Thailand.

6. Briefly describe your business travel plan: where and when you leave for the trip, where your stopover and destination are.

7. Tell what places in China you are going to visit during your business/vacation/home visit trip and how long you are going to stay there.

8. Tell what transnational corporations you plan to visit during your business trip and why and for what purposes you want to visit these corporations.

9. Describe your plans for sightseeing and entertainment during your business trip.

10. Role-play: discuss in detail your plan(s) for your business trip (please ask questions with questions words/phrases such as: who, where, when, what, how, how long, with whom, for what purpose; why, etc).

Lesson 12 How Do You Go to Travel?
第十二课 你怎么去旅行?

教学提示

Teaching Points

1. 疑问词——怎么
   Question word—how
2. 动词——走,坐
   Verb—go; take
3. 从……到……
   From...to...

功能交际句型
Functional & Communicative Frames

1. A: Nǐ zěnme qù lǚxíng?
   B: Wǒ zuò fēijī qù.

2. A: Nǐ cóng nǎr zǒu?
   B: Cóng Bōtèlán.
   A: Dào nǎr qù?
   B: Dào Shànghǎi qù.

3. A: Zhí fēi háishì zhuǎn jī?
   B: Děi zài Rìběn Dōngjīng zhuǎn jī.
   A: Lùshang yào fēi duōjiǔ?
   B: Shíyī èr ge xiǎoshí.

1. A: 你怎么去旅行?
   B: 我坐飞机去。

2. A: 你从哪儿走?
   B: 从波特兰。
   A: 到哪儿去?
   B: 到上海去。

3. A: 直飞还是转机?
   B: 得在日本东京转机。
   A: 路上要飞多久?
   B: 十一二个小时。

交际转换扩展
Communicative Transformation and Build–ups

1. A: Nǐ zěnme qù lǚxíng?

   你怎么去旅行？

   B: Wǒ zuò fēijī qù.

   我坐飞机去。

zuò qìchē	坐汽车
zuò huǒchē	坐火车
zuò lúnchuán	坐轮船
kāi chē	开车
dā chē	搭车
chéng lúndù	乘轮渡

2. A: Nǐ cóng nǎr zǒu?

   你从哪儿走？

   B: Cóng Bōtèlán.

   从波特兰。

   A: Dào nǎr qù?

   到哪儿去？

   B: Dào Shànghǎi qù.

   到上海去。

Sānfān Shì	三藩市
Luòshānjī	洛杉矶
Xīyǎtú	西雅图
Shèngdìyàgē	圣地亚哥
Niǔyuē	纽约
Bōshìdùn	波士顿
Huáshèngdùn	华盛顿
Xiūsīdùn	休斯顿
Yánhúchéng	盐湖城

3. A: Zhí fēi háishì zhuǎn jī?

   直飞还是转机？

   B: Děi zài Rìběn Dōngjīng zhuǎn jī.

   得在日本东京转机。

Sānfān Shì	三藩市
Luòshānjī	洛杉矶
Xīyǎtú	西雅图
Zhōngguó Táiwān Táiběi	中国台湾台北
Zhōngguó Xiānggǎng	中国香港

4. A: Lùshang yào fēi duōjiǔ?

   路上要飞多久？

   B: Yào fēi shíyī èr ge xiǎoshí.

   要飞十一二个小时。

shísān sì ge xiǎoshí	十三四个小时
shíwǔ liù ge xiǎoshí	十五六个小时
shíqī bā ge xiǎoshí	十七八个小时
èrshí jǐ ge xiǎoshí	二十几个小时
shí duō ge xiǎoshí	十多个小时

生词
NEW WORDS

zěnme	怎么	（代）	how
zuò	坐	（动）	by (transportation); sit
cóng	从	（介）	from
dào	到	（动）	to arrive
kāi	开	（动）	to drive
zǒu	走	（动）	to walk
zhí	直	（副）	straight
fēi	飞	（动）	flight
zhuǎn jī	转机		to transfer; connect a plane
zhuǎn	转	（动）	to change; to transfer
jī	机	（名）	airplane; plane
xiǎoshí	小时	（名）	hour
qìchē	汽车	（名）	car
huǒchē	火车	（名）	train
lúnchuán	轮船	（名）	boat
kāi chē	开车		to drive a car
dā chē	搭车		to take a bus or car
lúndù	轮渡	（名）	ferry
Sānfān Shì	三藩市	（专名）	San Francisco
Luòshānjī	洛杉矶	（专名）	Los Angeles
Xīyǎtú	西雅图	（专名）	Seattle
Shèndìyàgē	圣地亚哥	（专名）	St. Diego
Niǔyuē	纽约	（专名）	New York
Bōshìdùn	波士顿	（专名）	Boston
Huáshèngdùn	华盛顿	（专名）	Washington
Xiūsīdùn	休斯顿	（专名）	Huston
Yánhúchéng	盐湖城	（专名）	Salt Lake City
Táiwān	台湾	（专名）	Taiwan
Táiběi	台北	（专名）	Taipei
Xiānggǎng	香港	（专名）	Hong Kong
Hánguó	韩国	（专名）	Korea

立竿见影
INSTANT AND EFFECTIVE PRACTICE

Ⅰ. 短平快式交际会话　Short, Easy and Fast Dialogues

1. A: Nǐ dǎsuan qù nǎr lǚxíng? / 你打算去哪儿旅行？

   B: Wǒ dǎsuan qù Xī'ān. / 我打算去西安。

   A: Shénme shíhou qù? / 什么时候去？

   B: Xià ge yuè. / 下个月。

   A: Nǐ zěnme qù? / 你怎么去？

   B: Wǒ zuò fēijī qù. / 我坐飞机去。

   A: Zhí fēi háishì zhuǎn jī? / 直飞还是转机？

   B: Zhí fēi. / 直飞。

2. A: Nǐ yuèdǐ qù Déguó lǚxíng ma? / 你月底去德国旅行吗？

   B: Duì. / 对。

   A: Zěnme qù? / 怎么去？

   B: Zuò fēijī. / 坐飞机。

   A: Zài nǎr zhuǎn jī? / 在哪儿转机？

   B: Zài Yīngguó Lúndūn. / 在英国伦敦。

3. A: Nǐ shénme shíhou qù Luòshānjī? / 你什么时候去洛杉矶？

   B: Xià xīngqī. / 下星期。

   A: Cóng nǎr zuǒ? / 从哪儿走？

   B: Cóng Bōshìdùn. / 从波士顿。

   A: Zhí fēi ma? / 直飞吗？

   B: Bù. Yào zhuǎn jī. / 不。要转机。

   A: Zài nǎr zhuǎn jī? / 在哪儿转机？

   B: Zài Yánhúchéng. / 在盐湖城。

4. A: Nǐ xiǎng qù nǎr lǚxíng? / 你想去哪儿旅行？

   B: Wǒ xiǎng qù Shèngdìyàgē. / 我想去圣地亚哥。

   A: Nǐ dǎsuan zěnme qù? / 你打算怎么去？

   B: Zuò fēijī dào Sānfān Shì, ránhòu zuò qìchē dào Shèngdìyàgē.

      坐飞机到三藩市，然后坐汽车到圣地亚哥。

   A: Zuò qìchē yào duōjiǔ? / 坐汽车要多久？

   B: Liù ge bàn xiǎoshí. / 六个半小时。

II. 配对游戏　Match Game

1. kāi / 开	a) to drive
2. zhuǎn jī / 转机	b) ferry
3. xiǎoshí / 小时	c) to walk
4. cóng / 从	d) train
5. zuò / 坐	e) to arrive
6. zǒu / 走	f) how
7. dào / 到	g) transfer (to a plane)
8. hǒuchē / 火车	h) hour
9. zěnme / 怎么	i) to take
10. lúndù / 轮渡	j) from

III. 交际互动　Communicative Exchange

1. A: Nǐ shénme shíhou qù Xiānggǎng?
      你什么时候去香港？
   B: _____
   A: Cóng nǎr zǒu?
      从哪儿走？
   B: _____
   A: Zhí fēi ma?
      直飞吗？

B: _____

A: Zài nǎr zhuǎn jī?
在哪儿转机？

B: _____

2. A: _____

B: Wǒ xiǎng qù Rìběn.
我想去日本。

A: Nǐ dǎsuan zěnme qù?
你打算怎么去？

B: _____

A: Yào fēi duōjiǔ?
要飞多久？

B: _____

3. A: Nǐ dǎsuan qù nǎr lǚxíng?
你打算去哪儿旅行？

B: _____

A: Shénme shíhou qù?
什么时候去？

B: _____

A: Nǐ zěnme qù?
你怎么去？

B: _____

A: Zhí fēi háishì zhuǎn jī?
直飞还是转机？

B: _____

A: Zài nǎr zhuǎn jī?
在哪儿转机？

B: _____

4. A: _____

B: Duì.
对。

A: Zěnme qù?
怎么去？

B: _____

A: _____

B: Qù Éluósī.

去俄罗斯。

IV. 想一想, 填一填　Fill in the Blanks with Proper Words

1. Nǐ ( ) qù Xiūsīdùn?

　你 ( ) 去休斯顿？

2. Wǒ dǎsuan kāi chē qù Yánhúchéng, yào kāi 15 ge ( ).

　我打算开车去盐湖城，要开 15 个 ( )。

3. Cóng Luòshānjī dào Niǔyuē, zhí fēi háishì ( )?

　从洛杉矶到纽约，直飞还是 ( )？

4. Nǐ niánchū háishì ( ) qù lǚxíng?

　你年初还是 ( ) 去旅行？

5. Wǒ děi ( ) Hánguó zhuǎn jī.

　我得 ( ) 韩国转机。

6. Zuò fēijī dào Sānfān Shì, lùshang yào fēi ( )?

　坐飞机到三藩市，路上要飞 ( )？

V. 组词成句　Make Sentences with the Given Words

1. 怎么(zěnme)　打算(dǎsuan)　西雅图(Xīyǎtú)　你(nǐ)　去(qù)

2. 在(zài)　转机(zhuǎn jī)　请问(qǐngwèn)　哪儿(nǎr)　去(qù)
　波特兰(Bōtèlán)

3. 多久(duōjiǔ)　开(kāi)　路上(lùshang)　要(yào)

4. 火车(huǒchē)　从(cóng)　坐(zuò)　波特兰(Bōtèlán)　15　个(ge)
　小时(xiǎoshí)　三藩市(Sānfān Shì)　到(dào)　要(yào)

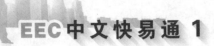

VI. 译一译 Translate the Following into Chinese

1. A: Where do you travel?

   B: I am planning to go to Seoul Korea.

   A: How do you go there?

   B: By plane.

   A: Is there any direct flight?

   B: No, I will transfer a plane in Japan.

   A: How many hours to Seoul Korea?

   B: 12 hours.

2. A: What's your plan this summer?

   B: I am planning to travel to China.

   A: Are you going by plane?

   B: Yes.

   A: From where?

   B: From Seattle.

   A: How many places are you going to visit?

   B: Four.

   A: What are they?

   B: Beijing, Shanghai, Xi'an and Hong Kong.

VII. 交际任务 Communicative Tasks

1. You will go to China to study Chinese for 3 months. Make a travel plan to fly from San Francisco to Beijing.

2. You want to book a plane ticket to Hong Kong. Ask your travel agent questions about the trip, such as when to leave, how many hours to fly, whether there is a stop, where to connect to another plane, is there any direct flight, etc.

3. You need to go to Salt Lake City for a meeting. Ask your friends what is a good way to get there, by air, by train, or by car?

4. You want to join a tour group to Italy. Ask the tour guide questions about detailed traveling schedules.

5. You helped your friend book an air ticket online. After that, you explained to him about the flight schedule including time for departure, taking off, arrival and where to change place, etc.

6. Describe one or as many trips as you can remember by plane.

7. Find out and report to class how to fly from Portland, Oregon to Beijing/Shanghai, China. And from Seattle, San Francisco, Los Angeles to China, etc., plus how long it'll take for each of the mentioned trip.

8. You are meeting a business partner at the airport. Ask him/her how s/he flied for the journey, whether it was a direct flight, where did s/he change the plane and how long did the journey take, etc.

9. Role-play: one as a travel agent and the other as a customer asking questions about different kinds of flight schedules.

10. Role-play: discuss in detail your plan(s) for your trip to China (please ask questions with question words/phrases such as: who, where, when, what, how, how long, with whom, for what purpose; why, etc.)

Lesson 13   Whom Do You Go to Travel with?
第十三课   你跟谁去旅行？

Teaching Points

教学提示

1. 形容词——每
   Adj.—each
2. 动量词——次
   Measure word—time
3. 连词——跟
   Conjunctional word—with

功能交际句型
Functional & Communicative Frames

1. A: Nǐ gēn shéi qù lǚxíng?

   B: Wǒ gēn jiārén qù lǚxíng.

2. A: Nǐmen chángcháng yìqǐ qù lǚxíng ma?

   B: Měi nián qù yì liǎng cì.

1. A: 你跟谁去旅行？

   B: 我跟家人去旅行。

2. A: 你们常常一起去旅行吗？

   B: 每年去一两次。

交际转换扩展
Communicative Transformation and Build-ups

1. A: Nǐ gēn shéi qù lǚxíng?

   你跟谁去旅行？

   B: Wǒ gēn jiārén qù lǚxíng.

   我跟家人去旅行。

kāi huì	开会
chū chāi	出差
dù jià	度假
jiāoyóu	郊游
yuǎnzú	远足
dǎ liè	打猎
diào yú	钓鱼
yěyíng	野营
huá bīng	滑冰
huá xuě	滑雪
yóu yǒng	游泳

péngyou	朋友	tóngshì	同事
nánpéngyou	男朋友	tóngxué	同学
nǚpéngyou	女朋友	tóngwū	同屋

2. A: Nǐmen chángcháng yìqǐ qù lǚxíng ma?

　　你们常常一起去旅行吗？

　　B: Měi nián qù yì liǎng cì.

　　每年去一两次。

wánr	玩儿
dǎ qiú	打球
jiànshēnfáng	健身房
liáo tiān	聊天
kàn diànyǐng	看电影
tīng yīnyuèhuì	听音乐会
sàn bù	散步
chī fàn	吃饭
hē kāfēi	喝咖啡
gōngzuò	工作
gòu wù	购物
guàng jiē	逛街

měi liǎng nián yí cì	每两年一次
měi bàn nián yí cì	每半年一次
měi xīngqī liǎng cì	每星期两次

生词 NEW WORDS

gēn	跟	（连）	together
shéi	谁	（疑问代词）	who
jiārén	家人	（名）	family member
chángcháng	常常	（副）	often; frequently
yìqǐ	一起	（副）	together
měi	每	（副）	every
liǎng	两	（数）	two; twice
cì	次	（量）	measure word
huá bīng	滑冰		to skate; skating
huá xuě	滑雪		to ski; skiing
yóu yǒng	游泳		to swim; swimming
wánr	玩儿	（动）	to play; hang out
dǎ qiú	打球		to play ball
jiànshēnfáng	健身房	（名）	gymnast
liáo tiān	聊天		to chat
diànyǐng	电影	（名）	movie
tīng	听	（动）	to listen
yīnyuèhuì	音乐会	（名）	concert
sàn bù	散步		to take a walk

hē	喝	(动)	to drink
kāfēi	咖啡	(名)	coffee
gōngzuò	工作	(名)	to work
gòu wù	购物		to go shopping
guàng jiē	逛街		shopping; to go window shopping
kāi huì	开会		to have a meeting
chū chāi	出差		to go business trip
dù jià	度假		to go on vacation
jiāoyóu	郊游	(动)	field trip
yuǎnzú	远足	(动)	to hike; hiking
dǎ liè	打猎	(动)	to hunt; hunting
diào yú	钓鱼		to go fishing
yěyíng	野营	(动)	to camp; camping

立竿见影
INSTANT AND EFFECTIVE PRACTICE

I. 短平快式交际会话 Short, Easy and Fast Dialogues

1. A: Nǐ dǎsuan shénme shíhou qù lǚxíng? / 你打算什么时候去旅行？

B: Xià ge yuè shàngxún. / 下个月上旬。

A: Nǐ dǎsuan qù shénme dìfang lǚxíng? / 你打算去什么地方旅行？

B: Běijīng. / 北京。

A: Nǐ gēn shéi qù? / 你跟谁去？

B: Gēn wǒ de jiārén. / 跟我的家人。

第十三课　你跟谁去旅行？

2. A: Nǐ yào qù dù jià ma? / 你要去度假吗？

B: Duì. / 对。

A: Shénme shíhou? / 什么时候？

B: Wǒ dǎsuan chūntiān qù. / 我打算春天去。

A: Jǐ yuèfèn? / 几月份？

B: Wǔ yuèfèn. / 五月份。

A: Tài hǎo le. Wǒ yě dǎsuan qù. / 太好了。我也打算去。

B: Wǒmen yìqǐ qù ba. / 我们一起去吧。

A: Hǎo. / 好。

3. A: Nǐ chángcháng qù Shèngdìyàgē dù jià ma? / 你常常去圣地亚哥度假吗？

B: Duì. / 对。

A: Gēn shéi yìqǐ qù? / 跟谁一起去？

B: Gēn wǒ de nǚpéngyou. / 跟我的女朋友。

A: Nǐmen yì nián qù jǐ cì? / 你们一年去几次？

B: Měi bàn nián yí cì. / 每半年一次。

4. A: Nǐ chángcháng qù nǎr lǚxíng? / 你常常去哪儿旅行？

B: Qù Luòshānjī. / 去洛杉矶。

A: Gēn shéi yìqǐ qù? / 跟谁一起去？

B: Gēn wǒ de péngyou. / 跟我的朋友。

A: Nǐmen zěnme qù? / 你们怎么去？

B: Wǒmen chángcháng kāi chē qù. / 我们常常开车去。

A: Lùshang kāi jǐ ge xiǎoshí? / 路上开几个小时？

B: Qī bā ge xiǎoshí. / 七八个小时。

A: Shéi kāi chē? / 谁开车？

B: Wǒ kāi. / 我开。

II. 配对游戏 Match Game

1. cì / 次   a) often
2. yìqǐ / 一起   b) each
3. měi / 每   c) two
4. gēn / 跟   d) together
5. dù jià / 度假   e) time
6. jiārén / 家人   f) with
7. chángcháng / 常常   g) vacation
8. liǎng / 两   h) family member

III. 交际互动 Communicative Exchange

1. A: _____
   B: Xià ge yuè.
      下个月。
   A: _____
   B: Shàngxún.
      上旬。
   A: _____
   B: Běijīng.
      北京。
   A: _____
   B: Gēn wǒ de jiārén.
      跟我的家人。

2. A: Nǐ chángcháng qù nǎr lǚxíng?
      你常常去哪儿旅行?
   B: _____
   A: Gēn shéi yìqǐ qù?
      跟谁一起去?
   B: _____
   A: Nǐmen zěnme qù?
      你们怎么去?
   B: _____

3. A: Nǐ yào qù dù jià ma?

你要去度假吗？

B: Duì.

对。

A: Shénme shíhou qù?

什么时候去？

B: _____

A: Jǐ yuèfèn?

几月份？

B: _____

A: Tài hǎo le. Wǒ yě dǎsuan qù.

太好了。我也打算去。

B: _____

A: Hǎo.

好。

4. A: Nǐ chángcháng qù nǎr lǚxíng?

你常常去哪儿旅行？

B: _____

A: Gēn shéi yìqǐ qù?

跟谁一起去？

B: _____

A: Nǐmen zěnme qù?

你们怎么去？

B: Wǒmen chángcháng kāi chē qù.

我们常常开车去。

B: _____

B: Qī bā ge xiǎoshí.

七八个小时。

IV. 想一想,填一填 Fill in the Blanks with Proper Words

1. Lùshang kāi (　　) ge xiǎoshí?

路上开(　　)个小时？

2. Nǐ chángcháng qù (　　　　) dù jià?

你常常去(　　　)度假？

3. Tāmen chángcháng gēn (　　　　) qù dù jià?

他们常常跟(　　　　)去度假？

4. Nǐmen chángcháng yìqǐ qù lǚxíng (　　　　) ?

你们常常一起去旅行(　　　　)？

5. Wǒmen chángcháng (　　　　) qù lǚxíng.

我们常常(　　　　)去旅行。

6. Gēn (　　　) yìqǐ qù?

跟(　　　　)一起去？

V. 组词成句 Make Sentences with the Given Words

1. 常常(chángchang)　度假(dù jià)　跟(gēn)　去(qù)　谁(shéi)　你(nǐ)

2. 每半年(měi bàn nián)　我们(wǒmen)　一次(yí cì)　去(qù)　中国(Zhōngguó)

3. 去(qù)　跟(gēn)　同事(tóngshì)　常常(chángcháng)　我(wǒ)　滑雪(huá xuě)

4. 你(nǐ)　去(qù)　跟(gēn)　你的朋友(nǐ de péngyou)　什么时候(shénme shíhou)　旅行(lǚxíng)

VI. 译一译 Translate the Following into Chinese

1. A: Are you going to have a vacation?

   B: Yes.

   A: When do you have vacation?

   B: Next week.

   A: What do you plan to do?

   B: I will drive to Seattle.

   A: Who do you go with together?

   B: Two of my roommates.

2. A: Where do you go for traveling?

   B: I will go to China.

A: Do you go to China every year?

B: Every other year.

A: Do you often go with your family?

B: No. I often go with my friends.

A: When do you go to China this year?

B: This fall.

A: Which month?

B: October.

VII. 交际任务　Communicative Tasks

1. You are planning to go to Washington D.C. for vacation. You ask your co-workers whether they would like to go with you.

2. You tell your roommate how often you go on vacation and how many times you have been in China for vacation.

3. You just come back from a trip to Japan. You tell your friends where you went and who you went with on the trip.

4. Your co-workers show you his traveling photos. Ask who he went with for the trip.

5. Your friend introduces you to a ski club. You ask them how often they meet each other and how often they go skiing together.

6. Report in details the most recent trip you took with your family members or friends, etc.

7. Tell how often you take business trips or vacation.

8. State your travel plans for the upcoming holiday season.

9. Guessing game: keep asking one student at a time about where s/he is going to travel, with whom s/he is going to travel, how often s/he is going to travel, etc. until your guess is right. For example: Do you often travel to China? Do you often travel with your family/friends/girlfriend/boyfriend/classmate, etc.?

10. You are sent by your company for a business trip in Asia. Tell your itinerary in each country you are going to visit, whether or not you are going there alone or with colleague(s), if it's going to be your first time visiting the countries and how often you take business trip to these countries, etc.

Lesson 14　Booking Plane Ticket/Hotel Room
第十四课　订机票/旅馆

教学提示

Teaching Points

1. 动词——付
   Verb—to pay
2. 动词——订
   Verb—to reserve
3. 新词——信用卡
   New word—credit card

 功能交际句型
Functional & Communicative Frames

1. A: Wǒmen zài nǎr dìng jīpiào hé lǚguǎn?

   B: Zài wǎngshang dìng.

1. A: 我们在哪儿订机票和旅馆?

   B: 在网上订。

2. A: Dǎ zhé/jiǎn jià ma?

   B: Dǎ jiǔ zhé/jiǎn bǎi fēn zhī shí.

2. A: 打折/减价吗?

   B: 打九折/减10%。

3. A: Zěnme fù qián?

   B: Yòng xìnyòngkǎ fù.

3. A: 怎么付钱?

   B: 用信用卡付。

交际转换扩展
Communicative Transformation and Build-ups

1. A: Wǒmen zài nǎr dìng jīpiào hé lǚguǎn?

   我们在哪儿订机票和旅馆?

   B: Zài wǎngshang dìng.

   在网上订。

lǚxíngshè	旅行社
hángkōng gōngsī	航空公司
jīpiào dàishòuchù	机票代售处
fēijīchǎng	飞机场

2. A: Dǎ zhé/jiǎn jià ma?

　　打折/减价吗？

　B: Jiǔ zhé.

　　九折。

qīwǔ zhé	七五折
wǔ zhé	五折
liǎng zhé	两折
sān zhé	三折
jiǎn bǎi fēn zhī èrshíwǔ	减百分之二十五
jiǎn bǎi fēn zhī wǔshí	减百分之五十
jiǎn bǎi fēn zhī èrshí	减百分之二十
jiǎn bǎi fēn zhī sānshí	减百分之三十

3. A: Zěnme fù qián?

　　怎么付钱？

　B: Yòng xìnyòngkǎ fù.

　　用信用卡付。

Wànshìdá	万事达
Wéisàkǎ	维萨卡
Měiguó Liántōng	美国联通
xiànjīn	现金
xiànjīnkǎ	现金卡
yínhángkǎ	银行卡
yínháng zhīpiào	银行支票
lǚxíng zhīpiào	旅行支票
xiànjīn zhīpiào	现金支票
huìpiào	汇票

生词 NEW WORDS

dìng	订	（动）	to reserve; to order
fù	付	（动）	to pay for
yòng	用	（动）	to use
jīpiào	机票	（名）	airplane ticket
lǚguǎn	旅馆	（名）	hotel
hé	和	（连）	and
wǎngshang	网上	（名）	on the internet
dǎ zhé	打折		to discount
jiǎn jià	减价		to reduce price
jiǎn	减	（动）	to reduce; to subtract
bǎi fēn zhī	百分之……		...percent
lǚxíngshè	旅行社	（名）	travel agent
hángkōng gōngsī	航空公司	（名）	airline company

dàishòuchù	代售处	（名）	sale agent
fēijīchǎng	飞机场	（名）	airport
Wànshìdá	万事达	（专名）	Master card
Wéisàkǎ	维萨卡	（专名）	Visa card
Měiguó Liántōng	美国联通	（专名）	American Express
xiànjīn	现金	（名）	cash
xiànjīnkǎ	现金卡	（名）	debit card
yínhángkǎ	银行卡	（名）	bank card
yínháng zhīpiào	银行支票	（名）	bank check
lǚxíng zhīpiào	旅行支票	（名）	traveler's check
xiànjīn zhīpiào	现金支票	（名）	casher check
huìpiào	汇票	（名）	money order

立竿见影
INSTANT AND EFFECTIVE PRACTICE

I. 短平快式交际会话 Short, Easy and Fast Dialogues

1. A: Wǒmen zài nǎr dìng lǚguǎn? / 我们在哪儿订旅馆？

   B: Zài lǚxíngshè dìng. / 在旅行社订。

   A: Jiǎn jià ma? / 减价吗？

   B: Jiǎn bǎi fēn zhī èrshíwǔ. / 减百分之二十五。

2. A: Nǐ zài nǎr dìng jīpiào? / 你在哪儿订机票？

   B: Zài hángkōng gōngsī dìng. / 在航空公司订。

   A: Zěnme fù qián? / 怎么付钱？

   B: Yòng Wéisàkǎ fù. / 用维萨卡付。

3. A: Tāmen zěnme dìng jīpiào hé lǚguǎn? / 他们怎么订机票和旅馆？

   B: Zài wǎngshang yòng Měiguó Liántōngkǎ dìng. / 在网上用美国联通卡订。

A: Dǎ bu dǎ zhé? / 打不打折?

B: Dǎ bā zhé. / 打八折。

4. A: Xiǎo Zhāng zěnme dìng jīpiào? / 小张怎么订机票?

B: Tā zài jīpiào dàishòuchù dìng. / 他在机票代售处订。

A: Jiǎn bu jiǎn jià? / 减不减价?

B: Bù jiǎn jià. / 不减价。

II. 配对游戏 Match Game

1. dìng / 订   a) on the internet

2. fù / 付   b) hotel

3. yòng / 用   c) cash

4. jīpiào / 机票   d) airport

5. lǚguǎn / 旅馆   e) to pay for

6. dǎ zhé / 打折   f) travel agent

7. lǚxíngshè / 旅行社   g) airplane ticket

8. fēijīchǎng / 飞机场   h) to discount

9. xiànjīn / 现金   i) to use

10. wǎngshang / 网上   j) to reserve; to order

III. 交际互动 Communicative Exchange

1. A: Nǐ qù nǎr lǚxíng?

你去哪儿旅行?

B: _____ ,

A: _____

B: Wǒ zài lǚxíngshè dìng.

我在旅行社订。

2. A: _____

B: Wǒ zài wǎngshang dìng.
   我在网上订。

   A: _____

B: Dǎ bāwǔ zhé.
   打八五折。

3. A: Wǒ zuò fēijī qù Zhōngguó lǚxíng.
   我坐飞机去中国旅行。

   B: _____

A: Wǒ zài jīchǎng dìng.
   我在机场订。

   B: _____

A: Yòng yínhángkǎ fù.
   用银行卡付。

4. A: _____

B: Wǒ yòng xìnyòngkǎ zài wǎngshang dìng lǚguǎn.
   我用信用卡在网上订旅馆。

   A: Xiǎo Lǐ ne?
   小李呢?

   B: _____

IV. 想一想,填一填　Fill in the Blanks with Proper Words

1. Wǒ (   ) hángkōng gōngsī dìng jīpiào.
   我(   )航空公司订机票。

2. Nǐ (   ) shénme fù qián?
   你(   )什么付钱?

3. Wǒ yòng xìnyòngkǎ (   ).
   我用信用卡(   )。

4. Zài jīchǎng (   ) jīpiào bù dǎ zhé.
   在机场(   )机票不打折。

5. Zài wǎngshang dìng jīpiào hé lǚguǎn yǒu (   ).
   在网上订机票和旅馆有(   )。

V. 组词成句　Make Sentences with the Given Words

1. 网上(wǎngshang)　订(dìng)　我们(wǒmen)　在(zài)　机票(jīpiào)

2. 打(dǎ)　九(jiǔ)　折(zhé)　机票(jīpiào)　旅行社(lǚxíngshè)　在(zài)　订(dìng)

3. 用(yòng)　付(fù)　钱(qián)　信用卡(xìnyòngkǎ)

VI. 译一译　Translate the Following into Chinese

1. A: Where do you book your air ticket?

   B: I book it online.

   A: Any discount?

   B: Ten percent off.

2. A: I reserved my hotel with a travel agent.

   B: Any discount?

   A: Fifteen percent off.

   B: How do you pay for it?

   A: I used my credit card.

   B: What kind of credit card?

   A: Visa card.

VII. 交际任务　Communicative Tasks

1. Group in two or three and ask each other where they had their airline/hotel reserved for their last trip.

2. Tell your partner where your reserved your air ticket and how much discount you were offered.

3. Change partner and tell your new partner where your first partners reserved their hotel and plane ticket and the way to pay and discount they were offered.

4. Discuss with your partner which is the best way to pay for an airline reservation.

5. Classroom activity: interview four or five classmates to find out how they have reserved their airline tickets, hotel rooms; how much discount the airline(s) offered them and how they paid for it. Report to the whole group when you are done.

6. Tell and describe your experience of a most recent trip to China, including the reservation of your airline ticket, hotel room and the way you paid your reservation and whether or not you received a discount, etc.

7. Role-play: call your travel agent or airline to book a plane ticket. If the ticket does not have a discount, try another one till you find a good deal.

8. Role-play: call several hotels to make a room reservation and make sure that you'll reserve the one that offers you the best discount price with credit card payment.

9. Role-play: one student serves as a travel agent and the rest of the class asks him/ her about booking airline ticket. What will you ask and how will the travel agent answer.

10. You are a travel agent and has just found a good deal airline ticket for your customer. You are calling your customer to inform him/her about the reservation and discuss with him/her about the term of payment and other related issues.

UNIT THREE SUMMARY

 ASK

 ANSWER

Nǐ qù nǎr lǚxíng?	Wǒ qù Yàzhōu lǚxíng.
Nǐ qù Yàzhōu nǎ ge guójiā?	Wǒ qù Zhōngguó lǚxíng.
Nǐ shénme shíhou qù lǚxíng?	Wǒ míngnián qù.
Nǐ dǎsuan jǐ yuèfèn qù?	Wǒ dǎsuan liùyuè zhōngxún qù.
Nǐ dǎsuan qù duōjiǔ?	Wǒ dǎsuan qù liǎng ge xīngqī.
Nǐ zěnme qù lǚxíng?	Wǒ zuò fēijī qù.
Nǐ cóng nǎr zǒu?	Wǒ cóng Bōtèlán dào Shànghǎi.
Zhí fēi háishì zhuǎn jī?	Děi zài Rìběn Dōngjīng zhuǎn jī.
Lùshang yào fēi duōjiǔ?	Yào fēi shíyī ge xiǎoshí.
Nǐ gēn shéi qù lǚxíng?	Wǒ gēn jiārén qù lǚxíng.
Nǐmen chángcháng yìqǐ qù lǚxíng ma?	Měi nián qù liǎng cì.
Zài nǎr dìng jīpiào hé lǚguǎn?	Zài wǎngshang.
Dǎ zhé ma?	Dǎ 9 zhé.
Zěnme fù qián?	Yòng xìnyòngkǎ.

附录

The Abbreviations of Chinese Grammatical Terms

Adv:	副词	Adverb
MA:	变动副词	Movable Adverb
S/SUB:	主语	Subject
ADJ:	形容词	Adjective
N:	名词	Noun
VP:	动词短语	Verb Phrase
PN:	代词	Pronoun
DPR:	指示代词	Demonstrative Pronoun
PREP:	介词	Preposition
QW:	疑问词	Question Word
AV:	助动词	Auxiliary Verb
NU:	数词	Numeral
SV:	状态动词	Stative Verb
O:	宾语	Object
C/CONJ:	连词	Conjunction
ART.	冠词	Articles
P:	小品词	Particle
TM:	时间词	Time Word
CV:	等动词	Co-Verb
PW:	地点词	Place Word
V:	动词	Verb
EX:	感叹词	Exclamation
PH:	短语	Phrase
VO:	动宾	Verb Object
MW:	量词	Measure Word
NP:	名词短语	Noun Phrase